T0282232

NAVEGANDO LA INCERTIDUMBRE AMOROSA

Tere Díaz y Mónica León

NAVEGANDO LA INCERTIDUMBRE AMOROSA

Define la relación que deseas y encuentra la ruta para tu felicidad

Grijalbo

El papel utilizado para la impresión de este libro ha sido fabricado a partir de madera
procedente de bosques y plantaciones gestionadas con los más altos estándares ambientales,
garantizando una explotación de los recursos sostenible con el medio ambiente y beneficiosa para las personas.

Penguin
Random House
Grupo Editorial

Navegando la incertidumbre amorosa
Define la relación que deseas y encuentra la ruta para tu felicidad

Primera edición: octubre, 2023

D. R. © 2023, Tere Díaz
D. R. © 2023, Mónica León

D. R. © 2023, derechos de edición mundiales en lengua castellana:
Penguin Random House Grupo Editorial, S. A. de C. V.
Blvd. Miguel de Cervantes Saavedra núm. 301, 1er piso,
colonia Granada, alcaldía Miguel Hidalgo, C. P. 11520,
Ciudad de México

penguinlibros.com

Penguin Random House Grupo Editorial apoya la protección del *copyright*.
El *copyright* estimula la creatividad, defiende la diversidad en el ámbito de las ideas y el conocimiento,
promueve la libre expresión y favorece una cultura viva. Gracias por comprar una edición autorizada
de este libro y por respetar las leyes del Derecho de Autor y *copyright*. Al hacerlo está respaldando a los autores
y permitiendo que PRHGE continúe publicando libros para todos los lectores.

Queda prohibido bajo las sanciones establecidas por las leyes escanear, reproducir total o parcialmente esta obra
por cualquier medio o procedimiento así como la distribución de ejemplares
mediante alquiler o préstamo público sin previa autorización.
Si necesita fotocopiar o escanear algún fragmento de esta obra diríjase a CemPro
(Centro Mexicano de Protección y Fomento de los Derechos de Autor, https://cempro.com.mx).

ISBN: 978-607-383-612-8

Impreso en México – *Printed in Mexico*

"Yo no puedo tenerte ni dejarte,
ni sé por qué, al dejarte o al tenerte,
se encuentra un no sé qué para quererte
y muchos sí sé qué para olvidarte".

SOR JUANA INÉS DE LA CRUZ

ÍNDICE

INTRODUCCIÓN
¿Felices para siempre?

Pocos temas nos conmocionan tanto como los relacionados con el amor y nuestra dimensión erótica. El sexo, el erotismo y el amor son experiencias que dejan huellas indelebles en nuestra psique, en nuestro cuerpo y en nuestra manera de concebir la vida. Si antes la religión, el Estado, los principios y el deber organizaban la propia vida y daban sentido y coherencia al valor personal, ahora la identidad se construye, en gran medida, por la capacidad de amar y ser amado, de escoger y ser escogido, de desear y ser deseado.

Hoy los vínculos que nos unen a la otra persona son desde el deseo, la atracción y la compatibilidad de intereses. Sin embargo, las relaciones ahora parecen durar menos y las rupturas amorosas son cada vez más comunes. La multiplicidad de opciones para elegir pareja que brindan las redes sociales y las dinámicas de vida actuales han comenzado a generar un sentimiento de malestar amoroso en los individuos del siglo XXI.

En la actualidad, la forma de concebir y vivir la sexualidad, el amor y el erotismo —y, por tanto, las relaciones de pareja— se caracteriza por una flexibilización y diversidad de acuerdos, así como una vertiginosa transformación de la experiencia de la intimidad al interior de las relaciones y una intensificación de la validación del derecho al erotismo y a la pasión en sus muchas presentaciones.

Además, la sensación de merecimiento y la expectativa de felicidad, aunado al ejercicio de la libertad y la igualdad, nos impide percibir que las dificultades y contradicciones que vivimos en pareja son intrínsecas a ésta. Es decir, no sólo son producto de carencias personales, traumas infantiles, errores de elección o fracasos en el intercambio subjetivo de los amantes, sino también (y en gran medida) de la nueva forma de entender y vivir el amor.

Así, la incertidumbre por saber si estamos con la persona indicada, por cómo identificar si la amamos, cómo hacer más placenteros los encuentros sexuales o cómo elegir a la mejor pareja posible, es igual tanto para solteros como para aquellos que han iniciado o desean iniciar una relación.

Con los cambios sociales surgidos a partir de la segunda mitad del siglo XX, particularmente tras la revolución de las mujeres y su liberación sexual, el cuerpo adquirió valor como propiedad individual, el derecho al placer se reivindicó y la sexualidad se volvió autónoma, adquiriendo centralidad en la vida de las personas. Además, la posibilidad de desarticular el sexo de la reproducción permitió otros desacoplamientos de alto impacto en la vida de la pareja: el sexo del matrimonio, el sexo del amor, el amor del matrimonio, el matrimonio de los hijos, el amor del sexo, incluso los hijos del sexo, lo que permitió experimentar diversos estilos de vida que incluyen distintos tipos de relaciones, no necesariamente matrimoniales.

Por lo regular, las parejas generan un lazo emocional y sexual bajo el entendido de que sólo lo sostendrán en tanto que ambos obtengan de éste suficiente satisfacción. En cambio, los acuerdos entre los amantes versan prioritariamente sobre la sexualidad y la afectividad. Y si bien éstas incluyen cierta intimidad, entendida como una combinación de igualdad, imparcialidad, neutralidad, comunicación emocional, sexualidad, superación y expresión de las emociones ocultas, la cual permite que los miembros de la pareja se conozcan mejor a sí mismos y se reconozcan en el otro, nunca queda claro cuántos de estos atributos —para qué, bajo qué esquema y por cuánto tiempo— son válidos.

Desde edades tempranas se vislumbran recorridos amorosos inciertos, convulsos e inquietantes, a diferencia de antaño, donde el impulso amoroso era ciego e irresistible. Esto decanta en muchas estrategias confeccionadas para afrontar la fragilidad, la temporalidad, la indefinición y la incertidumbre de los vínculos actuales. Por ello, el individuo moderno ha de estar más preparado para enfrentar la ruptura en vez de asumir una actitud defensiva de desapego, abandono, ironía y cinismo.

En efecto, antes las relaciones de pareja "funcionaban" en gran medida en un mundo patriarcal donde la mujer supeditaba sus deseos a los de su pareja —y de igual modo sus tiempos, sus labores y, en pocas palabras, su vida se adecuaba a la de los otros—. Así, la pareja ideal prometía flechazos certeros, almas gemelas y amores eternos, y mientras que a las mujeres les daba familia, completud, eternidad y protección, a los hombres los compensaba con cuidado y afecto, admiración y sexo.

Hoy, la capacidad de proteger, el mundo de los afectos, la autonomía económica y el placer sexual no son patrimonio de un solo género. La completud ni existe ni se necesita para tener una buena vida, y el amor eterno es un espejismo. Por eso hay que continuar revisando mitos —entre éstos la idea de que todo ha de compartirse con la pareja, que los espacios propios no facilitan el crecimiento de un proyecto común, que el egoísmo es el que impide que hoy las relaciones funcionen—, para buscar relaciones reales con personas auténticas. Depositar en el amor de pareja la satisfacción de casi todas las necesidades es un imposible.

Tanto hombres como mujeres hemos de pensarnos como eje de nuestra vida, con el fin de no limitar nuestro crecimiento, acomodándonos innecesariamente a los demás (lo cual en ningún sentido es ser egoísta). Desprendernos de la idea ancestral de la pareja ideal permitirá amores más reales y menos frustrantes.

Descubrir los nuevos territorios amorosos, validando los propios desconciertos sin echar de lado nuestro deseo, nos permitirá vivir con menos culpa el distanciarnos de patrones tradicionales y crear un tipo de vida y una relación amorosa a la medida de nuestras posibilidades. André Comte-Sponville, filósofo francés, dijo: "Un amigo me preguntó recientemente qué tipo de mujeres me gustaba. Yo le respondí: las que no se hacen ilusiones sobre los hombres y, sin embargo, los aman".

Capítulo 1

LA CONSTRUCCIÓN DE LA VIDA EN PAREJA: EVOLUCIÓN Y TRANSFORMACIÓN

La pareja como necesidad evolutiva

¿Cómo surge la predilección de vivir en pareja? La respuesta es simple: por mera necesidad de sobrevivencia. En la antigüedad, los hombres necesitaban asegurar la exclusividad sexual de su mujer para controlar que los hijos de ella fueran también de él, pues era mucha la inversión económica y de tiempo que implicaba ganarse la vida y criar descendencia. En paralelo, la reclusión femenina se daba a través de un confinamiento que acotaba a la mujer al territorio de lo doméstico, lo cual se reforzó posteriormente mediante leyes y mandatos sociales. En la centralidad de esta organización patriarcal se encuentra la idea de posesión que aún persiste en nuestros días: tener la tierra, la mujer, los hijos, en síntesis, el poder.

Ahora bien, el vínculo de vivir de a dos es característico de la especie humana, ya que no necesitan convencernos de estar pareja, nos sale naturalmente: coqueteamos, nos enamoramos, a veces nos casamos (por lo general con una sola persona) y, a pesar de que ahora no vive sus mejores días, el matrimonio sigue siendo parte de la estrategia de reproducción humana, y los encuentros extramatrimoniales son casi siempre un ingrediente secundario y adicional de nuestras tácticas mixtas de apareamiento.

Es esta disposición erótica la que abre la posibilidad de tener muchas relaciones sexuales (ya sea con el compañero elegido o con otros más). Así como los machos en la antigüedad se mantenían atentos a otros machos, ¿cómo no imaginar que las hembras se sintieran también atraídas por otros varones más simpáticos y atentos, y éstos a su vez por hembras más sensuales? Seguramente, machos y hembras podían escaparse a los pastizales con otros "amigos", aunque fuera la pareja apareada la que caminara junta por la llanura, buscando alimentos, comiendo juntos y protegiendo a sus hijos.

Aun cuando la evolución dio inicio a una vinculación en pareja, ¿qué necesidad había de que ésta perdurara de por vida si a los cuatro años el hijo procreado ya era suficientemente autónomo? Es en este sentido que los seres humanos estamos diseñados para enamorarnos, pero no para permanecer siempre con la misma pareja. Así, cierta mañana, alguno de los dos dejaba el grupo y se unía en otro viaje con otro amigo particular que formara parte de otro colectivo. Es con el sedentarismo, la propiedad privada y la inversión parental que se afecta la flexibilidad de estas primeras tribus y se introduce la necesidad de una monogamia permanente.

Con el paso de los siglos, esta manera de organizar y reglamentar las relaciones humanas buscó hacer del matrimonio y de la familia las formas naturales y universales de organización de la vida sexual y social de los humanos. Así, la fidelidad juega un papel vital para mantener la estabilidad de un sistema histórico —explicable, pero también criticable y, ¿por qué no?, transformable— aunque la tendencia humana a los vínculos extraconyugales parece revelar el triunfo de la naturaleza —y la libertad— sobre la cultura y las convenciones.

Trayectoria y resquebrajamiento de la pareja

Aun cuando el cambio ha sido la constante evolutiva del ser humano, la velocidad del mismo se dejó sentir de manera arrolladora al cierre del siglo XX y al inicio de este nuevo siglo. La aceleración fue tal que equivaldría a miles de años anteriores en la historia de la humanidad. Estas transformaciones han afectado de forma contundente nuestro modo de entender la vida, de vivir el erotismo y el amor, y de relacionarnos con nuestro entorno. Los individuos y las sociedades hemos cambiado no sólo nuestro modo de ser en el mundo, sino también nuestra manera de expresar, experimentar e involucrarnos en el amor.

En las últimas décadas, y en particular con el surgimiento de las redes sociales, hombres y mujeres experimentamos diversos tipos de acuerdos amorosos, comportamientos emergentes que tienen tantas variables y matices como interrogantes. Para muchos, este panorama puede parecer caótico: las personas solemos sentirnos asombradas, confundidas y extrañadas ante las novedades y sus inesperados desafíos. No sólo las relaciones humanas cambian día con día, también las modas, las tecnologías y las profesiones, lo que provoca un torbellino de transformaciones que desborda y que muchas veces rebasa nuestra capacidad de comprensión.

Intentar explicar los diferentes eventos y comportamientos que se entretejieron para dar pie a estas nuevas realidades es tarea compleja. Sin embargo, intentaremos segmentarlos en tópicos distintos para así poder explicar mejor el cambio que atravesaron las relaciones humanas en general y los intercambios erótico-afectivos en particular, incluidas las relaciones de pareja.

Un recorrido histórico por la vida familiar: de la época preindustrial a nuestros días

Tradicionalmente, la sociedad concibió a la familia como su núcleo fundamental: la unión de varios individuos en grupos —emparentados por las necesidades fisiológicas y los lazos de sangre— era la piedra angular que sostenía los colectivos más grandes que conformaban las sociedades. En la medida en que la sobrevivencia sólo se lograba mediante el trabajo comunitario, la interdependencia era elemental para el establecimiento y bienestar de la familia.

Así, la forma de vida predominante hasta el siglo XVIII no era la familia en el sentido que hoy tiene, sino la convivencia de la familia extensa como comunidad económica. Su objetivo no era el amor y la felicidad, sino la reproducción, producción y sobrevivencia. Por esta razón, la institución familiar tenía una vida interna claramente estructurada, con reglas y expectativas que la regían. Las mujeres, si bien dependían social y económicamente del padre-patrón, participaban al mismo tiempo en la producción de bienes y en la reproducción. Su labor en casa era muy valorada, ya que el trabajo doméstico formaba parte de la actividad productiva de la familia como un todo. De hecho, el papel de la mujer, aunque subordinado y siempre acotado al ámbito de lo doméstico, no se limitaba a los confines del hogar. Su participación activa en las labores de producción la mantenían en interacción con un grupo de personas más allá de su marido e hijos.

Así, el papel que jugaban los diferentes miembros de la familia en esa producción dotaba de significado a cada uno de sus integrantes: cada persona era alguien porque hacía algo. Quienes salían de ese régimen —voluntaria o involuntariamente—, inevitablemente se veían desprovistos de un papel en el mundo. En particular las mujeres, al perder tal condición —debido, por ejemplo, a la viudez o al rechazo social/familiar—, eran aisladas y tratadas como personas "de segunda clase".

Con la llegada de la Revolución Industrial, la participación en la producción extradoméstica se fue expandiendo y sólo dicha actividad productiva fue reconocida como verdadero trabajo. Las consecuencias de esto alcanzaron a la familia, transformándola en una institución basada en las relaciones entre las personas. Fue entonces cuando se gestó la familia nuclear, con la disociación del espacio público y del espacio privado.

El entorno de las mujeres se redujo a las tareas domésticas, al consumo y la crianza de los niños; lo privado e íntimo de los vínculos afectivos se convirtió en su ámbito natural. Por su parte, la tarea de los hombres se limitó a proveer, a llevar los insumos al hogar. La idea de la natural debilidad femenina se fortaleció dadas las actividades exhaustivas y altamente demandantes del trabajo industrial y la necesidad de que alguien cuidara de la prole. La mujer se disoció cada vez más de actividades que anteriormente desempeñaba y que compartía con el varón.

Con el paso del tiempo y el progresivo avance hacia la sociedad moderna, se dejaron sentir las inequidades entre hombres y mujeres en las áreas educativas, económicas y legales. Los papeles en la pareja tendían a adherirse a los roles del esposo como el líder económico, el proveedor, el que dictaba las reglas domésticas y la autoridad en el cuidado de los niños. Así, poco a poco se fue acentuando la posición subordinada de la mujer, al acotar responsabilidades y derechos al cuidado de los niños y el hogar, con una clara represión rigurosa de sus derechos. El sostenimiento de esta división de trabajo requería que la mujer —en su aislamiento— idealizara la maternidad como única forma de realizarse y trascender. Ser madre —y ser una buena madre— era la esperanza y meta de toda mujer: en tanto producía sujetos, se producía a sí misma, creando con la maternidad la base de su identidad.

Es hasta el siglo XX que el cúmulo de avances tecno-científicos hizo posible desarrollar vidas más individuales. En particular, en los años sesenta comenzó una época en la que tanto hombres como mujeres —aunque en distintos grados— podían experimentar los beneficios y las cargas de la vida propia. Esto generó una revolución en los intercambios entre hombres y mujeres, en las formas de hacer pareja y de vivir en familia. En la actualidad, ambos géneros padecen un dilema central: por una parte, el deseo y la obligación de ser individuos independientes y, por el otro, el anhelo de convivencias duraderas con otra u otras personas.

El incremento de opciones y de posibilidades de decisión ha acentuado la confusión, diversificado los acuerdos, agudizado el conflicto amoroso y dificultado el sostenimiento de la familia nuclear intacta. El mundo de hombres y mujeres se ha vuelto más abierto, pero también más complejo y contradictorio. El sueño romántico de vivir con la persona elegida requiere por parte de cada integrante de la pareja enormes esfuerzos. Los vínculos elegidos son frágiles en tanto que se sostienen en una casi exclusiva y cambiante base sentimental: dos agendas individuales y un estrecho proyecto común que se tiene que negociar, revalorar y actualizar permanentemente.

Además, con la disolución de la familia como unidad económica se producen nuevas formas de asegurar la existencia, mediatizadas, entre otras cosas, por el mercado del trabajo y relacionadas con la persona individual. La movilidad y flexibilidad, así como la competencia y la carrera profesional, son ahora las leyes que rigen la sobrevivencia en un aguerrido mercado laboral y que poco toman en consideración los vínculos privados. Así, viene la pregunta obligada, planteada por los Beck en su libro *El normal caos del amor*: "¿Cuánto espacio queda en la biografía autoplanificada y con todas sus obligaciones, para una pareja con obligaciones y planes de vida propios?".

Marco y Estela se conocieron en una clase común en la universidad. Se entendieron rápidamente, ya que compartían el interés en su formación profesional y ambos tenían una clara idea de la proyección que querían a futuro. Iniciada su relación amorosa decidieron aplicar a una maestría en el extranjero y así comenzar su vida matrimonial y desarrollo profesional juntos. Fue una aventura estimulante que permitió la consolidación de su pareja. Además, tuvieron la fortuna de regresar a México contratados: Marco en una institución pública idónea para su perfil y Estela en una empresa privada que siempre le resultó atractiva.

Los años pasaron y la familia creció. La llegada de Paula y Camila representó una fuente de alegría para la pareja, pero también implicó hacer "circo, maroma y teatro" para poder integrar su rol de padres con el de profesionistas exitosos. Los momentos de intercambio intelectual y laboral se limitaron, así como las salidas los viernes al cine y a cenar juntos. Ambos extrañaban esas escapadas juntos, pero las obligaciones y el cansancio los limitaban. Estela tuvo un ascenso que esperaba, sin saber que el nuevo puesto le demandaba viajes continuos al extranjero, por lo que Marco tuvo que asumir más roles en la organización doméstica.

Si bien las niñas, la casa y sus avances laborales marchaban como "relojito", la distancia entre ellos y la imposibilidad de poder llevar a cabo los planes de pareja y familiares que habían visualizado para su vida común comenzaban a generarles un desasosiego sostenido y una frustración creciente. Estela tuvo que cancelar sus encuentros con amigas y la clase de pintura que tanto disfrutaba para estar con Marco y las niñas en sus periodos en México. Por su parte, Marco construía con las hijas un tipo de equipo familiar en el que Estela se sentía periférica, pero también aprovechaba la llegada de Estela para poder salir a tomar algo de aire con los amigos.

El mayor dilema llegó cuando Estela se enteró de que le ofrecían una dirección en la casa matriz en Nueva York y le facilitaban la mudanza de la familia a dicha ciudad. Marco, si bien en sus años mozos soñaba con poder vivir algún tiempo en el extranjero, en este momento estaba desarrollando un proyecto a nivel nacional al que no quería renunciar, ya que representaba un peldaño importante para su carrera política. Así, la pareja colapsó cuando vio frustrada la posibilidad de seguir malabareando sus agendas individuales en aras de sostener la relación con costos tan altos a nivel personal y relacional.

La radical transformación de las relaciones humanas y, de manera particular, de la vida familiar y de pareja tiene efectos concretos que se dejan sentir en la aparición de una diversidad de estructuras familiares y de acuerdos amorosos: familias monoparentales, familias unipersonales, binucleares o reconstituidas, parejas con convivencia domiciliara sin matrimonio —con o sin hijos—, parejas que viven en casas separadas, *roomies*, poliamorosos, *frees*, amigovios, amoríos y más. A estas opciones se agrega la posibilidad de vivir en singular —con o sin pareja y con o sin hijos—, lo que permitiría sostener la propia agenda, sin necesidad de supeditarla a la de otro.

La "soltería forzada" en las posguerras

Otro aspecto central en la transformación social fue el impacto de las guerras mundiales en la vida de las mujeres. La soltería —como cuenta Virginia Nicholson, sobrina nieta de Virginia Woolf, en el ensayo *Ellas solas*— fue un fenómeno social relevante en Gran Bretaña. Todavía en 1914, el matrimonio constituía el fin último de toda mujer y, salvo casos excepcionales, las mujeres —desde niñas— vivían obsesionadas por un destino: el altar y las labores domésticas.

La soltería no era sólo una noción incómoda, simplemente no tenía cabida en la sociedad. Pero, para 1921, había en Inglaterra dos millones más de mujeres que de hombres. Los titulares de la prensa hablaban de "El problema de las mujeres que sobran: dos millones que nunca serán esposas". Estas mujeres quedaron solteras por falta de pareja y fueron llamadas las mujeres del excedente. La familia era un valor tan preciado que a aquellas chicas sin posibilidades de formar una se les acabó la vida antes de empezar. Sin embargo, aun cuando en muchos casos les fue difícil convivir con su soledad, en otros las llevó a romper convenciones sociales al tener relaciones extramaritales o descubrir sus preferencias sexuales por mujeres.

El rol de la mujer empezó a transformarse y ya no hubo vuelta atrás. La guerra cambió a muchas mujeres pero ellas también cambiaron a la sociedad. Para muestra, la introducción del sufragio femenino en Rusia y Holanda en 1917 y Estados Unidos en 1920 (en 1918 Gran Bretaña permitió votar a las mujeres mayores de 30 años). Por tanto, así como las guerras siempre producen extraños derivados (avances tecnológicos, grandes obras de arte, profundas discusiones filosóficas) en el terreno social, la Gran Guerra propició que entre el dolor, el pavor, la muerte, la soledad y la discriminación floreciera la mujer moderna.

El feminismo

Las polémicas en torno a la desigualdad social de las mujeres se remontan a la Edad Media, pero el rotundo endurecimiento de los roles de género a partir de la segunda mitad del siglo XVII en la sociedad industrial —disociando vida pública y vida doméstica— comenzó a generar francos malestares femeninos. La insatisfacción del encierro, el no desarrollarse intelectualmente, el vivir a través de su familia y no para sí mismas, fue mermando la salud física y psicológica de las mujeres, motivándolas a buscar nuevas formas de estar en el mundo y de reconstruir su propia identidad.

Esta búsqueda fue favorecida por la democratización general de la sociedad. Se abrió así una gran cantidad de escuelas —y se creó la educación pública y gratuita— facilitando que niños y niñas se mantuvieran fuera del hogar, quitando gran parte de la responsabilidad educativa de la madre. El avance de las tecnologías facilitó las tareas en el hogar y el crecimiento del descontento femenino frente a la falta de espacios y derechos tanto políticos como económicos dieron origen al movimiento feminista.

Desde finales del siglo XVIII y principios del XIX, surgen los primeros destellos de promulgaciones a favor de las mujeres, producto de la Revolución francesa y de los movimientos sufragistas, aun cuando es hasta 1907 que Clara Zetkin lidera la Conferencia Internacional de Mujeres.

La creciente autonomía económica de las féminas y el aumento de sus niveles educativos coadyuvaron a que se ampliara el apoyo social de los movimientos a favor de la igualdad entre los géneros. Así, en los años sesenta, el movimiento de la mujer queda cristalizado en cambios cualitativos en el discurso de igualdad y no discriminación, así como en rampantes modificaciones en el orden jurídico y político.

Se hacen campañas a favor del divorcio, de la igualdad de salarios, del derecho al aborto y la no discriminación por razones de género. Estas acciones avanzan de la mano del discurso feminista que cuestiona la sociedad patriarcal: desde la reivindicación de la autonomía e independencia de las mujeres, hasta los valores asociados a la feminidad para planear un cambio en las formas de organización en los ámbitos político, económico y sociocultural.

En la actualidad, el lento pero constante debilitamiento del patriarcado permea a diestra y siniestra, dando cabida a la autonomía de la mujer así como a su influencia en la sociedad. Sin embargo, a la mayoría de los hombres aún les vienen grandes las relaciones de equidad. Con frecuencia, vemos a varones que se resisten al cambio mediante el uso primitivo de la fuerza, en algunos casos aún de la fuerza física, si no es que imponiéndose emocional, económica e intelectualmente. Otros pretenden no darse cuenta de lo que ocurre y prestan poca atención a las demandas femeninas, mostrándose sorprendidos cuando sus mujeres los abandonan o los traicionan. Son tan sólo unos cuantos los que se han dado a la tarea de soltar sus privilegios patriarcales para crear una nueva manera de ser hombres que responda a las características del mundo actual.

El empoderamiento femenino —y la opción de salida de relaciones inequitativas a través del divorcio— ha generado un colectivo de mujeres que prefieren estar solas que mal acompañadas. Incluso, las mujeres de las nuevas generaciones cuestionan la idea de casarse en detrimento de su biografía individual, así como de ser madres en el aún desequilibrado reparto de las tareas de crianza (si bien muchas desean el matrimonio y la maternidad). Los avances en el ámbito laboral, político y cultural —sin dejar de ver que todavía existen desventajas en cuanto a oportunidades, salarios y asistencia social— les han permitido a las mujeres ganar libertad económica, injerencia pública y la satisfacción de su autorrealización.

Todo este planteamiento coloca pesos emocionales adicionales en la conexión interpersonal, en general, y en la vida de pareja, en particular. Por ello, no sólo se vislumbra, sino que se comienza a ejercer, una diversidad de acuerdos relacionales como nuevas formas de diseñar la propia vida.

La anticoncepción

Si bien la contracepción se había usado durante miles de años, los métodos eficaces y seguros se abrieron paso a mediados del siglo pasado. La aparición de la píldora anticonceptiva en 1951 se concatena con el movimiento feminista y hace exponenciales sus efectos. Ésta comienza a venderse a principios de los años sesenta con el fin específico de evitar la concepción, liberando así a las mujeres de embarazos no deseados.

Sin duda, su impacto ha sido enorme en la concepción de la identidad femenina así como en la reconstrucción de los fines de la pareja, de los intercambios erótico-afectivos y de la familia. Con la separación del sexo y la procreación, otros desacoplamientos se dejan sentir: se puede vivir el erotismo sin el matrimonio e incluso el erotismo sin amor. Es más, el cúmulo de avances científicos en materia de fertilidad hace también posible la procreación sin sexo. Así, el paquete matrimonio-sexo-procreación ha quedado desvinculado, abriendo la puerta a una variedad de relaciones eróticas y amorosas entre hombres y mujeres, y entre personas del mismo sexo, así como a una diversidad de modelos relacionales.

Rosa se presentó a terapia con un malestar: se sentía extraña, los parámetros de sus amigas y familia eran muy diferentes a los suyos. A sus 36 años y con una empresa propia de diseño y marketing su foco era encontrar socios para ampliar el proyecto que inició desde que comenzó su carrera universitaria. Pero ahora, lo que nunca había sido un tema en su vida, se estaba convirtiendo en una fuerte carga por la presión que ejercían su familia y amistades: "Se te está yendo el tren si quieres ser mamá", le decían.

Rosa había tenido un par de relaciones amorosas significativas. De hecho, había vivido con su última pareja hasta que él decidió, hace un par de años, que quería casarse y tener hijos. Estos objetivos nunca fueron parte del plan de vida de Rosa, así que le tomó unos meses y algunas lágrimas superar la partida de Octavio, pero su estimulante proyecto de vida personal, sus íntimos vínculos amistosos y, finalmente, otra relación amorosa que inició hace unos meses, le ayudaron a continuar con su vida.

La aparición de Rafael, su nueva pareja, desencadenó entre sus conocidos y familiares un furor por preguntarle si —ahora sí— se iba a casar y alistarse para la maternidad. De diversas formas y en distintos tiempos recibía comentarios, sugerencias, consejos e insistencias. Tanto así que este tema —que antes no le había quitado tiempo ni energía— le empezó a generar fuertes cuestionamientos: "¿Seré rara por no proyectarme a futuro en una familia convencional?, ¿lamentaré en un tiempo no ser madre?". Sin embargo, tenía claro que cuando veía a sus amigas y hermana en rutinas domésticas y de crianza, le daba un fuerte pesar. Pero, aun cuando tenía claro que el matrimonio y la maternidad no le interesaban ni la definían como mujer, dudaba si estaba omitiendo algo de la información que le daba su entorno. Incluso se consideraba un poco egoísta por sólo pensar en su desarrollo personal y profesional.

Tras tres consultas terapéuticas, Rosa confirmó que la vida matrimonial y la maternidad es una vocación que no todas las mujeres tienen, que la sociedad privilegia esos estados pero que ella ha vivido muy satisfecha haciendo lo que hace; que la soledad no sólo no le asusta, sino que le satisface porque además ¡no se siente sola! Estas tres sesiones de reflexión junto con algunas lecturas le ayudaron a apropiarse de un chiste que le llegó por WhatsApp y que me compartió —como a muchas de sus amigas y familiares— para presentar su punto de vista sin mucha explicación: "Me preguntan si no me preocupa que a mi edad todas las mujeres se están casando y teniendo hijos. Y pues claro que me preocupo, ¡pero no puedo hacer nada por ellas!".

La revolución sexual

Derivado de esta suma de eventos emerge con voz propia la revolución o liberación sexual, la cual representa un desafío a los códigos tradicionales en materia de comportamientos, relaciones y moral sexual en los países de Occidente. Al legitimar el placer, invitó a los individuos a explorar sus cuerpos y cuestionar sus relaciones a favor de la satisfacción personal, cambiando las normas e incluso legalizando diversos comportamientos sexuales.

La reivindicación del cuerpo y de la sexualidad como dimensión integral de la condición humana, tanto en lo individual como en lo social, abrió un abanico de posibilidades en los encuentros sexuales: la aceptación de las relaciones sexuales antes y fuera del matrimonio, y la normalización de la homosexualidad, entre otras opciones. De la mano del feminismo, de la equidad de género y del uso de los métodos anticonceptivos, la revolución sexual camina y se potencia. Eso sin hablar de la revuelta que ha representado primero el movimiento homosexual y luego las últimas movilizaciones LGBTIQ+.

Los avances científicos y tecnológicos

Una de las consecuencias más notorias del cúmulo de avances tecno-científicos en el siglo XX ha sido el incremento de la esperanza de vida. Debido a la longevidad alcanzada, la promesa de "vivir juntos hasta que la muerte nos separe" se vuelve difícil de concretar al haber dejado atrás la preocupación por una sobrevivencia siempre en riesgo y un estilo de vida que era delimitado por las inclemencias del ambiente natural.

El aumento de la esperanza de vida —aunada a la disminución de la tasa de natalidad y el creciente número de divorcios— también ha desplazado la secuencia del ciclo vital: los roles de paternidad y maternidad terminan cuando la pareja —unida o no— aún tiene al menos dos o tres décadas de vida por delante. Por ello, Marie France Hirigoyen en su libro *Las nuevas soledades* comenta que, inevitablemente, las generaciones venideras estarán cada vez más solas, y demandarán nuevas formas de sociabilidad para oponerse a la precariedad de nuestro mundo.

Gabriel, financiero de 45 años y jefe de marca de una importante cadena de tiendas de ropa, se divorció por segunda vez en febrero pasado. Si bien tras este segundo rompimiento su impulso fue buscar una nueva compañera para continuar su trayecto, decidió hacer un alto y vivir solo por un rato. Al poco tiempo descubrió que su esquema de priorizar a sus parejas por sobre otras relaciones lo tenía bastante desconectado de sus amigos de antaño, lo que le provocaba una sensación de rezago y aislamiento que lo lastimaba. Así que antes de buscar amigas del pasado para llenar el hueco con un encuentro casual, decidió recontactar a sus amigos de juventud.

Durante ese tiempo, no sólo se dio cuenta de lo dependiente que era en asuntos domésticos prácticos, sino que era evidente que sus ex habían cumplido una función de puente social en sus relaciones —incluso con su propia familia— y de traductor emocional cuando había alguna situación de confrontación o desencuentro. Por tanto, aun cuando la tentación de emparejarse de nuevo era fuerte —y saltarse estas tareas pendientes— encontró tan satisfactorio y liberador poder hacerse cargo no sólo de su vida práctica sino de sus intercambios emocionales y sociales que decidió darle más tiempo a este proceso.

Con el tiempo, la antigua sensación de aislamiento y desolación fue transformándose en disfrute de su propia compañía y de sus nuevos vínculos. Incursionó en hobbies e intereses que había postergado por sumarse a una serie de compromisos sociales en su anterior vida de pareja. Incluso, actualizó y reforzó la relación con un hermano querido del que se había distanciado y decidió hacer una maestría en aras de mejorar su carrera profesional.

Gabriel no se cierra a la posibilidad de tener pareja —incluso le gustaría—, pero no quisiera un esquema matrimonial tradicional que volviera a atraparlo en la domesticidad y una vida social que ya no son de su agrado. Ha tenido encuentros interesantes y ha empezado a relacionarse con alguien pero desde un acuerdo de mayor autonomía e individualidad. No quiere perder los privilegios que ha conquistado y tampoco el disfrute de su libertad.

También producto de los avances científicos y tecnológicos ha sido la revolución de las comunicaciones: el mundo globalizado en el que nos encontramos nos mantiene en permanente comunicación e interdependencia unos con otros. La información vuela de un extremo del mundo al otro y no podemos cerrar los ojos ante ello. Se acortan las distancias, aparecen diversos escenarios de vida a los que antes era inimaginable acceder, al tiempo que se unifican/diversifican maneras de pensar, de desear, de sentir y proceder.

La cercanía-distancia que surge de las redes intermitentes de los nuevos medios de comunicación ha generado nuevas formas de relacionarnos. La sensación de soledad se disipa mediante el contacto permanente al que se accede con el internet y las redes sociales, pero, al mismo tiempo, se conserva una estremecedora lejanía en estos encuentros. Estos acercamientos crean una extraña sensación a la hora de iniciar relaciones ya que estas nuevas tecnologías se han convertido en un vehículo privilegiado de la vida individual y de las nuevas formas de relación erótico-afectivas: nos permiten cierta dosis de soledad elegida evitando el aislamiento recalcitrante. Estamos así juntos, pero no revueltos.

Adicionalmente, los avances tecnológicos han dado origen a la globalización como proceso de orden económico, político, cultural y social. La interdependencia y comunicación de los países unen mercados, culturas y sociedades de manera dinámica. Junto con todas las oportunidades de conocimiento y de mercado surge también la posibilidad de una mayor movilidad de los seres humanos. Las migraciones, el sostenimiento de relaciones a larga distancia y la interculturalidad son asimismo un nuevo reto en el establecimiento de relaciones amorosas y familiares.

Esta transformación social, económica, política y cultural, con su rampante individualización, detonó cambios notorios en la sociedad en general y en la subjetividad de cada persona en particular. Todos estos cambios derivan notoriamente en un resquebrajamiento del matrimonio y de la familia nuclear, modificando los acuerdos relacionales y las formas de convivencia. Si bien la vida matrimonial trata de sostenerse como la norma, cada vez son más las personas que, ante la imposibilidad del ideal fallido, experimentan distintas formas de vivir el erotismo y el amor.

El final de la modernidad

Ahora bien, este cambio de mentalidades que tiene como resultado la transformación del amor y la pareja está inserto en una metamorfosis más profunda. La época moderna rompió con el pensamiento medieval al cuestionar la religión como la fuente del sentido de la vida e impuso la lógica y la razón como ejes rectores de la acción y el pensamiento humanos.

La modernidad le permitió al hombre apropiarse de su futuro y, por ende, centrar su atención en la idea de progreso que, después de mucho tiempo, volvía a depender de su esfuerzo y raciocinio, no de una entidad superior. La confianza moderna en la lógica y en la razón ponían al hombre en el centro, ahora dueño de su propio futuro: él decidía y construía su vida (no dependía de los designios de un dios y sus decisiones arbitrarias).

Era el momento de los ideales, del optimismo rampante, de la creencia en un presente que se podía mejorar y que nos llevaría a una felicidad permanente. Pero, en el siglo XX, el pensamiento posmoderno vino a cuestionar el predominio de la razón, dudando de la idea de un sujeto autónomo y racional. Una de las críticas más ácidas provino del psicoanálisis. El descubrimiento del inconsciente, del sujeto como una máquina deseante, tumbó por los suelos la idea de un individuo dueño de sí mismo: los hombres eran víctimas de sus deseos más profundos y la razón era un mero invento que nos hizo creer que nuestras decisiones eran... nuestras.

Por otro lado, la llamada filosofía del lenguaje enfatizó la importancia del contexto, del momento sociohistórico en la definición de "la" verdad y "lo" correcto. Es decir, corroboraba que cada sociedad define lo que percibe como correcto o verdadero, por lo que estas nociones cambian con el paso del tiempo. Estas fuertes críticas anularon la idea de una única verdad absoluta y abrieron la puerta a la perspectiva, a la importancia del contexto, al pluralismo y a la diversidad.

Esta situación implicó una renovación radical de las formas tradicionales del pensamiento y la vida social moderna, con lo cual perdieron relevancia aquellos discursos totalizantes que legitimaban el *statu quo*, fueran estos religiosos, políticos o culturales. Las críticas a una visión única y totalitaria dieron paso a una serie de cambios, a nuevas maneras de relacionarse y crear vínculos. Ahora surgía para el individuo la posibilidad de ser más fiel a sus sentimientos y principios, y encontrar nuevas formas de relacionarse y vincularse afectivamente —generando así un amplio repertorio de relaciones posmodernas—. Además, el reconocimiento a la diversidad de discursos válidos tuvo una consecuencia muy importante: ninguno de éstos tiene el privilegio de emitir juicios de valor sobre los otros.

Con la desinstitucionalización del matrimonio (su pérdida de relevancia como LA institución que organiza y estructura la vida social) no sólo se flexibilizaron las relaciones prematrimoniales y la cohabitación, sino que también se incrementó el divorcio. En los años cincuenta, las parejas casadas en Estados Unidos representaban 80% de los hogares, mientras que para el inicio del siglo XXI eran menos de 51%. Por primera vez en la historia de ese país, la mitad de su población no era parte del cuento que terminaba en el "vivieron felices por siempre".

De igual manera, 4 de cada 10 niños estadounidenses nacen actualmente fuera del matrimonio y las probabilidades de que un adolescente sea criado por sus dos padres biológicos es menor a la de cualquier otro país (Taylor *et al.*, 2016). Claro, podríamos decir que eso ocurre en el extranjero, que en México somos más tradicionales y que la familia sí importa. ¿Realmente? Datos recientes del Instituto Nacional de Estadística y Geografía (INEGI) establecen 22.3 divorcios por cada 100 matrimonios (y eso sin hablar de las cifras de separados o de madres solteras, que contabilizaban más de 10 millones para inicios de 2010).

Además, ocurre que las personas no sólo se separan, sino que una parte importante ya no se vuelve a casar, sobre todo las mujeres. Una vez que han probado la independencia (sea ésta económica, emocional e incluso afectiva), muchas no sienten ya la necesidad de volver a entrar a una institución que las somete y aprisiona.

Ahora bien, no es necesario profundizar en el dolor que genera —en las personas involucradas— el rompimiento de los sueños y esperanzas de la vida en pareja. Todas las personas conocemos a alguien que ha pasado por ahí. Lo importante es adentrarse en los dilemas a los que nos enfrentamos una vez que la sintomatología de la institución ha terminado por anidar en nuestra propia casa. Estos retos son nuevos y todavía poco abordados, discutidos y, sobre todo, asumidos. Es difícil entender qué pasa, cómo manejarlo y, obvio, qué hacer para superarlo.

Primero que nada tenemos que entender que no se trata meramente de generaciones más egoístas o con falta de compromiso, que darles rienda suelta a esos sentimientos de inadecuación y fracaso personal —ya sea en tono de *mea culpa* o en franca acusación al otro— no resuelve nada. Hay que tener claro que, a pesar de lo que dice la propaganda matrimonial y todos sus mensajes (en los medios, la familia, los amigos, etcétera), el estar de a dos no es la única y válida opción. Este discurso dominante (heteronormativo y monógamo: sólo se valen parejas de a dos y de diferente género) ha probado su ineficacia, ha mostrado ser insostenible de hecho, aun cuando no acaba de caer. La imposibilidad de lograr el sueño es la única posibilidad (aunque no por ello no existan uniones medianamente exitosas donde los costos han sido asumidos por al menos uno de los miembros de la pareja, dando pie a relaciones relativamente armoniosas).

Amanda tiene 51 años y llega destrozada a terapia al descubrir que se siente profundamente deprimida tras luchar 31 años por su matrimonio. Se casó a los 21 con Joaquín y, aunque se conocieron muy chicos, en sus dos años de noviazgo se prepararon para una vida en común y se comprometieron a sacar adelante su relación "hasta que la muerte los separe". Así que cuando terminó su formación profesional hizo "circo, maroma y teatro" para trabajar al tiempo que criaba tres hijos. Para ella, su familia siempre sería lo más importante.

Pero los mil asuntos que capoteaba para integrar su vida personal, familiar y laboral acabaron en un desencanto de la vida matrimonial, una distancia significativa con su pareja y un aburrimiento acompañado de cansancio que la llenaba de frustración. Se pregunta cómo era posible que eligiendo a la persona que le gustaba y amaba y teniendo compatibilidad sexual y una ideología de vida similar podía sentir ese hastío. Así, la culpa se mezclaba con el deseo de iniciar una vida más estimulante.

Los días transcurrían lentos, el sexo ya era mediocre y esporádico, las visitas a las familias extensas representaban una carga y los espacios de pareja se habían vuelto sosos. Su alejamiento y baja energía eran evidentes, por lo que empezaron las largas charlas de pareja. Con dolor y temor descubrieron que la rutina y la pesadez se había apoderado de ambos, pero Joaquín, como buen hombre educado en una sociedad patriarcal, esperaba menos del amor y la familia en su relación matrimonial.

En estos años, han seguido conversando sobre lo que viven y han buscado vías para re-dimensionar sus expectativas amorosas y tranquilizarse por el devenir de su relación. En este momento, reconocen que se han acompañado en el logro de sus sueños individuales, pero aceptan que el otro es sólo parte de su vida, no su total realización.

Entonces, ¿qué sigue? Primero, evitar caer en la polarización de los discursos opuestos que o se aferran a sostener el modelo tradicional, o bien, se desencantan en su totalidad y afirman ya no creer en el amor. De igual manera, es vital abrirse a la transformación por más desorientados que estemos: lo que está pasando es, literalmente, un cambio de paradigma respecto al amor y las relaciones. Salirnos de los esquemas de pensamiento que teníamos sobre estas experiencias implica cuestionar creencias, derribar prejuicios, resistir presiones externas y abrirnos a nuevos intercambios en el territorio del amor. Lo más importante es no perder de vista que la necesidad de generar vínculos, más allá de un modelo o esquema determinado, nos constituye en tanto seres sociales. Requerimos de la mirada y el contacto con el otro para la edificación de nuestra propia identidad, el sentimiento de valía y la sensación de seguridad.

Capítulo 2

¿EL AMOR ES EL PROBLEMA?

Un triunfo falaz; la posibilidad de elección y la trampa del amor romántico

Basta con mirar nuestro entorno para encontrarnos con el bombardeo de los medios de comunicación y de las redes sociales que nos muestran —ya sea por exceso o por defecto— que la relación con el o los otros se ha convertido en el tema de preocupación fundamental de nuestra época. Por ello, es necesaria una mirada retrospectiva para darnos cuenta de cómo las diferentes formas de entender y vivir el amor —y las relaciones— dieron pie no sólo a equívocos y frustraciones, sino también a expectativas inalcanzables.

Del amor pasional al amor romántico

En la Europa premoderna, la mayor parte de las uniones amorosas eran contratos económicos en los que no importaba la atracción sexual mutua —como antesala del enamoramiento— y mucho menos el amor. Las diversas manifestaciones de afecto físico —asociadas al sexo, como las caricias y los besos— eran poco comunes entre las parejas. Si bien la pasión amorosa ha existido siempre como conexión generada por la atracción sexual, sorprende que jamás se le haya reconocido ni como necesaria ni como suficiente para contraer matrimonio.

De hecho, el amor-pasión se ha considerado siempre como subversivo, desorganizador y, por consiguiente, peligroso tanto para el orden social como para la estabilidad emocional individual: la urgencia pasional distrae al individuo de las rutinas cotidianas. El lugar que el amor pasional ocupó (y aún llega a ocupar) en las culturas patriarcales —que son casi todas— ha implicado más un espacio de privilegio para los varones, quienes podían disponer y disfrutar de esclavas, amantes, prostitutas y concubinas fuera del matrimonio, que un principio rector de las relaciones institucionales de pareja.

A diferencia del amor pasional, más o menos universal, el amor romántico es específico de un momento histórico (finales del siglo XVIII). Si bien incorporó ciertos elementos del amor pasión —siempre liberador, pues rompe con lo rutinario—, el amor romántico asumió los ideales de libertad y autorrealización emergentes: priorizó los afectos, la intimidad y el lazo especial por encima del ardor sexual. El amor a primera vista propio del encuentro romántico da cuenta de una atracción inmediata que no se correlaciona con la compulsión erótico-sexual de la pasión, sino con el final de la búsqueda de un otro especial que podría completarnos y hacer plena la propia vida.

En este sentido, el amor romántico nunca fue compatible con la sexualidad mundana al implicar una unión espiritual y una comunicación psíquica totalizante y reparadora que se proyecta a futuro. Incluye una intimidad que permite la creación de una historia común donde ambos miembros de la pareja colaboran en una empresa emocional con primacía sobre otros asuntos de orden familiar. Por ello, con su aparición surgen cuestionamientos reflexivos: "¿qué siento por la otra persona?", "¿qué deseo de esta relación?", "¿hacia dónde nos dirigirá nuestro amor?".

CAPÍTULO 2 • ¿EL AMOR ES EL PROBLEMA?

De las uniones concertadas a las uniones por amor

Como resultado de la influencia del amor romántico, transitamos de siglos de matrimonios concertados a matrimonios elegidos por amor, pero también a un malestar amoroso rampante. ¿Cómo fue posible que el triunfo de la fuerza del amor sobre la imposición de las conveniencias familiares y sociales haya dado pie a tal consecuencia desafortunada?

Hoy, difícilmente podemos considerar el matrimonio "la tierra del amor", pero ¿será que en algún momento sí lo fue? La institución matrimonial se creó en una época en que no existían los antibióticos: la gente vivía poco y las relaciones duraban cuando mucho veinte años. La pareja se dedicaba más a la crianza de los hijos que a sí misma, y eso en el mejor de los casos, pues muchas mujeres morían en el momento de dar a luz. Los cónyuges solían vivir en casa de la familia extensa, rodeados de abuelos, tíos, primos, cuñados, suegros, donde la vida se tejía entre la diversidad de los vínculos familiares. Esta variedad de redes, el trabajo y los retos de la vida cotidiana impedían el aburrimiento. Además, las personas poseían menos expectativas de satisfacción personal y se tenía mayor capacidad para tolerar la frustración y posponer la gratificación. Lo familiar y lo grupal estaban por encima de los deseos individuales y conyugales.

En la actualidad, gran parte de las funciones que realizaba la familia, producto de dichos matrimonios, ha sido asumida por la escuela, la Iglesia, los medios de comunicación, la medicina y los órganos legales y judiciales. Estos cambios han supuesto una transformación muy grande de la función, utilidad y dinámica de la vida en pareja: ¿para qué sirve la familia hoy?, ¿qué une a los cónyuges/padres? Cada vez más, el único vínculo que exige el matrimonio es lo que llamamos, un tanto apresuradamente, amor; es decir, los lazos afectivos. Quizá, por primera vez en la historia de la humanidad, la organización familiar encuentra sus bases únicamente en las relaciones afectivas entre los miembros de la pareja que constituyen el matrimonio —con el enamoramiento como sustento de la institución matrimonial—.

Ahora bien, la convivencia en pareja conlleva una contradicción inherente: tener seguridad contra gozar de la pasión y la novedad. Los ingredientes que el amor requiere para sobrevivir son claramente diferentes de los que necesita la institución matrimonial para sostenerse. Si bien de algunos siglos para acá hemos intentado ponerlos a convivir bajo el mismo techo, ambos espacios requieren condiciones distintas para subsistir. Sobra decir que ni uno ni otro es mejor o más deseable, simplemente son diferentes: tanto el amor como el matrimonio pueden ser oportunos dependiendo de lo que se espera de una relación, pero ambos y al mismo tiempo son difícilmente conjugables y compatibles entre sí.

La lógica del amor y la lógica del matrimonio

¿A qué se debe entonces esta saturación matrimonial y el desencanto que genera en los amantes? A las lógicas distintas que tienen el amor y el matrimonio. El amor es una *relación* que se genera en el intercambio y la convivencia de los amantes. El amor lo construyen las personas que integran ese intercambio y no se somete a normas preestablecidas ni a reglas fijas. El amor pertenece a una *lógica intersubjetiva* basada en la libertad, el cambio y la novedad; requiere igualdad para subsistir, implica posiciones de poder y de oportunidades parecidas que eviten la dependencia de uno y otro amante y que posibiliten la libertad y el intercambio creativo de identidades.

El amor requiere cierta opacidad, cierto ocultamiento y distancia: saberlo todo, asegurarlo todo y conocer de más lo marchita, lo apaga. Así, en el amor se favorece lo privado, se estimula el erotismo y se integra una buena dosis de trasgresión a lo establecido y al orden social. Sobra describir a una pareja de "amorosos", como los nombra Jaime Sabines, que pueden desafiar horarios, intereses familiares, costumbres y normas, por conservar y hacer crecer su relación intersubjetiva.

En cambio, el matrimonio es una *institución* y pertenece a una *lógica social*. Como institución está sometido a derechos y deberes: requiere normas claras, horarios, usos y costumbres aceptadas. El matrimonio generalmente implica convivencia domiciliaria: compartir el mismo techo, la misma mesa y, con ello, hijos, familias, pericos, hipotecas y demás. Como institución, el matrimonio requiere certezas totales, una estructura clara —aunque a veces desigual— con diferencias de roles, actividades, responsabilidades y funciones. El matrimonio está regulado por la ley: hay deberes a cumplir y derechos a exigir dejando poco margen a lo desconocido, a la implementación de nuevas normas y creaciones. Está basado en la certidumbre: se sabe qué pasará, con quién, cuándo, cómo y dónde, lo cual al tiempo que lo hace predecible y seguro, lo enraiza en la rutina, llevando a sus integrantes a la monotonía y a la saturación.

Es desde estas distinciones que podemos entender que el amor y el matrimonio requieren condiciones diferentes para existir. De aquí que no sea poco común encontrar parejas —como Ana y Javier— que se casaron enamoradas y convencidas de la elección amorosa que hicieron y al paso del tiempo se les agotó el amor. Las parejas casadas reconocen pocas veces el mecanismo institucional en que se encuentran y las consecuencias de dejarse atrapar por lo que marca y señala el deber ser del orden social. Por tanto, la pareja se convence fácilmente de que sus problemas maritales se deben a una disfunción interna, a una falta de amor, o a la presencia de un tercero. Una pareja que atraviesa este

NAVEGANDO LA INCERTIDUMBRE AMOROSA

impasse puede sentirse también defectuosa, fracasada, injusta o enferma: aparecen los reclamos y la lluvia de culpas —hacia sí mismos o hacia el compañero—, que la conduce a un círculo de exigencias, demandas, reclamos, celos y, no pocas veces, de violencia también.

La *"sexualidad plástica" y las nuevas relaciones*

Además de este desencuentro entre amor y matrimonio, la revolución sexual le dio al cuerpo un valor de propiedad individual y la sexualidad adquirió tal centralidad en la vida de las personas que se ha convertido en un punto de conexión entre cuerpo, autoidentidad y socialización. Además, como mencionamos anteriormente, la posibilidad de desarticular el sexo de la reproducción permitió otros desacoplamientos de alto impacto en la vida de la pareja: el sexo del matrimonio, el sexo del amor, el amor del matrimonio, el matrimonio de los hijos, el amor del sexo, incluso los hijos del sexo. Esta "sexualidad plástica", como la llama Anthony Giddens en su libro *La transformación de la intimidad*, ha abierto la puerta a la posibilidad de experimentar diversos estilos de vida que incluyen relaciones de distintos tipos, no necesariamente matrimoniales.

Estas relaciones —vínculos emocionales cercanos— se diferencian claramente de los matrimonios que —sino para todos sí para muchos— han dejado de ser la norma en la vida en pareja, dando origen a lo que Giddens llama una "relación pura". Ésta consiste en un lazo emocional y sexual establecido entre los amantes, quienes asumen lo que de ella derive para cada uno y bajo el entendido de que sólo la sostendrán en tanto que ambos obtengan suficiente satisfacción.

Este nuevo tipo de relaciones, al implicar una igualdad sexual y emocional entre hombres y mujeres, es subversiva:

empuja la democratización de lo interpersonal en la intimidad, dando un vuelco a las relaciones de inequidad preexistentes donde los roles sexuales se asentaban en las dispares naturalezas femenina y masculina reforzadas por el amor romántico. Sus efectos se reflejan en lo social, pero la realización afectiva y sexual de quienes integran dicha relación irá por encima de los imperativos económicos y la tradición.

Amor confluente: sexo e intimidad

Las "relaciones puras" —elegidas y aceptadas a partir del deseo y la voluntad— se dan al interior de lo que Giddens denomina "amor confluente", notoriamente diferente del amor pasión —como urgencia pulsional— y del amor romántico —como fusión que completa—. Este nuevo amor integra la necesidad de democratizar las relaciones, liberando así a la mujer de la posición subordinada que el amor romántico promovía. Como el yo se siente íntegro, la relación es voluntaria —no complementaria— y lo que buscan los amantes es la satisfacción sexual y afectiva, dándose así un intercambio en el dar y recibir afecto y placer sexual. Este nuevo modelo no requiere la legitimación del matrimonio, ni religioso ni legal; tampoco tiene expectativas de eternidad como el romanticismo: cuando para uno o ambos integrantes la relación se agota, ésta puede disolverse.

Los acuerdos entre los amantes versan entonces, prioritariamente, sobre la sexualidad y la afectividad. Eva Illouz, en su libro *Intimidades congeladas*, explica que el concepto moderno de intimidad combina atributos tanto del discurso psicológico como del feminismo: igualdad, imparcialidad, neutralidad, comunicación emocional, sexualidad, superación y expresión de las emociones ocultas. Estas últimas —parte fundamental de la historia moderna—, y el trabajo de conocerlas y reconocerlas, permiten que hombres y mujeres en relaciones íntimas se conozcan mejor a sí mismos y se reconozcan en el otro, ayudando así a crear vínculos más igualitarios y empáticos.

Esta intimidad, elemento central del amor confluente, permite a los miembros de la pareja conocer las características del amado y mostrarle las propias, compartir sentimientos y deseos, y conocer la opinión del otro en un espacio de franqueza y confianza. Esta intimidad no absorbe al otro, por eso la apertura requiere establecer límites personales, cuidar la privacidad, en tanto que el objetivo que se busca es develarse al otro, no fusionarse con él. En el ámbito de la sexualidad, los encuentros no surgen de la obligatoriedad de uno para con el otro sino del deseo, la amistad y el cariño mutuo. La sexualidad de cada miembro de la pareja se negocia como parte de la relación.

Esta forma de amor integra por primera vez lo que Michel Foucault denomina el "ars erótica", a través del cual la verdad del sexo no viene de la ciencia sino del placer mismo, como práctica y como experiencia, y es un elemento esencial para consolidar o disolver la relación. Por ello, son válidas las fantasías y otras técnicas y prácticas sexuales que favorezcan el deseo y el placer. Ni la monogamia ni la heterosexualidad son la norma: la pareja delimita sus libertades y sus restricciones y sostiene sus acuerdos mientras los consideren oportunos, satisfactorios y constructivos. En síntesis, el amor confluente prioriza el desarrollo personal y acepta la individualidad del otro. Aunque hay autocuidado también hay una sana preocupación por el bienestar y desarrollo del otro. El consentimiento, el equilibrio y la reciprocidad son sus bases; la relación se asume en un cambio permanente que busca la mutua satisfacción afectiva y sexual.

La felicidad como deber

Pareciera que todo se va tejiendo para darnos la clave de una vida más satisfactoria y la posibilidad de mayor bienestar. Y en algún sentido sí, pero no el que nos ha hecho creer una sociedad que nos impele —como obligación a rajatabla— la conquista de la felicidad. El cambio acelerado nos ha llevado a territorios desconocidos, pero para recorrerlos es necesario liberarnos de la idea de que somos responsables plenos de nuestras desgracias amorosas. La psicologización de la vida y el excesivo análisis de nuestro actuar han puesto un sobrepeso a nuestras experiencias pasadas, atendiendo de manera excesiva nuestras emociones y cargándonos de una responsabilidad desmedida en la resolución de nuestros malestares y problemas. Se invisibiliza que, en un mundo individualizado, el influjo del cambio de época en las realidades amorosas que nos acontecen tiene su propia trama, sus propios patrones y sus esperados devenires.

Lo que ocurre es que la idea de felicidad relacionada con el conocimiento de nuestras emociones cobró una especial importancia a partir del siglo pasado con el florecimiento de la psicología. La comprensión de los estados mentales y corporales, correlacionados con nuestra vida afectiva, abrió la puerta a la valoración de la salud emocional y mental como preocupación privada y pública.

El bienestar emocional, el autodesarrollo, la liberación sexual y la satisfacción amorosa pasaron de ser derechos personales a obligaciones a alcanzar. Por tanto, sin tener claro el origen social de los problemas amorosos que atravesamos, es fácil ser acusados por el entorno y culparnos a nosotros mismos por el sufrimiento y fracaso amoroso que padecemos —además de ser enjuiciados por un marco social psicologizado por nuestros defectos personales, nuestra incapacidad de crear vínculos, nuestros traumas infantiles y nuestra inmadurez sexual—. Estos juicios limitan la construcción de relaciones sanas y la plenitud de la vida en pareja.

Pero desde esta perspectiva ¿qué es lo "sano" y qué es lo "enfermo" en un mundo cuya transición genera confusión e incertidumbre? Los discursos de autoayuda que nos impelen a ser felices —y de manera particular nos lanzan a la conquista del amor como fuente de identidad para el ciudadano del siglo XXI—, no sólo aportan soluciones centradas en la psique del individuo sino que desconocen los aspectos políticos, económicos y sociales que las limitan. Así, ante el deber de ser felices, la psicología nos propone aliviar nuestro sufrimiento psíquico, pero al racionalizar las relaciones íntimas construye un ideal amoroso que termina siendo el origen de una parte importante del sufrimiento que debería aliviar. Es por esto que, si bien no somos tan culpables de la desazón amorosa que estamos viviendo, sí somos responsables de entenderla en sus diferentes dimensiones y contextos y de posicionarnos con agencia personal, conciencia y proactividad ante lo que vivimos.

Entonces, si no hay tips universales ni recetas únicas para sortear este reto, ¿cómo podemos adentrarnos a los nuevos territorios erótico-amorosos con realismo, actitud serena, curiosidad, cuidado y justa responsabilidad? Lo aceptemos o no, lo digamos o no, seamos conscientes de ello o lo mantengamos en las entrañas del inconsciente, todos los seres humanos sin duda aspiramos en esta vida a cierto grado de bienestar y satisfacción. Ya Freud afirmaba, con el famoso principio del placer, que nuestra actividad psíquica (y física también) busca evitar el displacer y procurar el placer. Pero ¿se puede alcanzar la felicidad en un mundo convulso donde parece que el amor se transforma a cada momento y se nos escurre la dicha de las manos? ¿Existen caminos probados para ser felices cuando la incertidumbre y la ambivalencia amorosa son la constante? ¿Se puede lograr una identidad más equilibrada mediante la construcción de otros vínculos humanos que sumen a nuestros intercambios erótico-amorosos y les den a estos últimos su justa valía?

Primero, pongámonos de acuerdo: ¿qué significa ser feliz? Si nos diéramos a la tarea de preguntar a un grupo de personas qué es la felicidad, con certeza encontraríamos tantas respuestas como personas encuestadas. Partamos entonces de un acuerdo muy simple: ¡no existe consenso! No hay una opinión general en relación con lo que es la felicidad ni con cómo lograrla; aspiramos a ella, pero no podemos hablar de "la" felicidad como algo único y universal. Lo que sí es claro es que podemos vivir profundamente infelices. Según lo que entendamos por ser feliz y la forma en que nos demos a la tarea de lograrlo, la felicidad puede nunca llegar a nuestra existencia.

Antaño, la vida transcurría sorteando los desafíos de la sobrevivencia, y es apenas ahora que están bastante resueltos los asuntos del diario vivir, que no sólo se sobrevalora el derecho a ser feliz, sino que se impone casi como una obligación. Así, los ciudadanos del siglo XXI nos damos a la tarea de buscar, encontrar y disfrutar la felicidad a cualquier costo. Y ojo, aquí empiezan los problemas: correr frenéticamente para conseguir un ideal es estresante en sí mismo, implica un alto nivel de desgaste y genera tensión innecesaria. Una carrera de este tipo hace que la búsqueda de la felicidad se llene de autoexigencia y, por tanto, de frustración, todavía más si de amores se trata en una sociedad en plena transformación.

Si a esto agregamos que la consecución de la felicidad tiende a basarse en criterios externos impuestos por los discursos dominantes en la sociedad —tener prestigio, tener dinero y, por supuesto, tener pareja—, la carrera de la felicidad lejos de llegar a su meta termina en el desencanto. O bien, en el caso contrario, algunos —al intentar eludir esta búsqueda frenética— nos sentamos a esperar la felicidad (como si ésta pudiera caernos del cielo) o, peor aún, nos ponemos a exigir como si fuera responsabilidad de otros o de la vida otorgárnosla.

Será mejor intentar darle la vuelta a la moneda comenzando de la base de que los seres humanos, como parte de nuestro engranaje físico y psíquico, tenemos la capacidad de experimentar emociones, y que entre las de índole primaria se encuentra la alegría: esa experiencia de disfrute, gratificación, deleite y dicha. Esta emoción puede ser en un principio una experiencia corta y de cierta intensidad, pero si tal experiencia es posible ¿cómo lograr prolongarla en el tiempo? ¿De qué forma extenderla a manera de sentimiento, quizá menos intenso, pero más o menos sostenido? ¿Cómo hacer perdurar un bienestar suficiente, efecto de la suma de diversas experiencias gratificantes?

Quizá la clave a este dilema está en la palabra *suficiente*, ya que parece que lo primero que frustra la experiencia de ser feliz es soñar con una felicidad total y absoluta. Podemos entonces pensar en la felicidad como una experiencia posible en vez de idealizarla queriéndola asir permanentemente a través de cosas muy concretas, de situaciones muy planeadas y con personas muy esperadas. Pensemos en la felicidad como una condición interna (no externa) que genera cierto bienestar, suficiente satisfacción y, en ocasiones, sentimientos de alegría. Así como el amor total no existe, la felicidad total y perfecta, como meta final de la vida, tampoco se da. Esa concepción de felicidad es un ideal no sólo inalcanzable, sino infantil.

Sonja Lyubomirsky, en su libro *La ciencia de la felicidad*, hace una investigación mundial sobre el tema. Ella afirma que los factores que determinan la felicidad —entendida como esa experiencia de bienestar y satisfacción— se representan de la siguiente manera:

- El 50% de nuestra predisposición a ser felices viene dada en nuestra información genética. Así como la inteligencia o el colesterol, como la tendencia a la delgadez o a la robustez, algunas personas tienen mayor disposición genética para experimentar bienestar que otras.
- El 10% de la felicidad tiene que ver con las circunstancias de la vida: ser ricos o pobres, sanos o enfermos, hermosos o poco agraciados, con tal o cual trabajo, con o sin pareja, con o sin hijos, etcétera. Este descubrimiento sorprende porque la mayoría de las personas hemos puesto todo nuestro empeño en cambiar nuestras circunstancias para ser felices sin lograr el cometido.
- El 40% tiene que ver con nuestra actividad deliberada, con nuestra forma de pensar y nuestras decisiones y acciones en la vida. Es entonces este porcentaje el que desde nuestro conocimiento personal y nuestra responsabilidad —haciendo uso de nuestros recursos, capacidades y honrando nuestros intereses, pasiones y valores— hace factible la consecución deliberada de la felicidad.

Sonja agrega que cada persona es distinta y por eso cada una experimenta un tipo de bienestar subjetivo relacionado con la realización de actividades concretas basadas en sus necesidades, deseos, intereses y valores particulares. Hay quienes gozan practicando la gratitud y cultivando el optimismo, otros invirtiendo en sus relaciones sociales, algunos manejando el estrés y las pérdidas en el día a día, y otros más mediante actividades que incluyen el cuerpo y el alma, como la meditación y la actividad física. El común denominador de todas estas personas es la sensación de que su vida es buena, tiene sentido y vale la pena.

La felicidad vista desde esta perspectiva es una construcción personal y una elección vital, requiere autoconocimiento y responsabilidad. Se plasma en lo cotidiano más que en un futuro idealizado. ¿Cómo se construye? Con nuestros actos de cada día que van haciendo un tejido de pequeños momentos satisfactorios que generan bienestar y realización personal. Pongamos, pues, la piedra fundamental de una tarea ineludible, la de hacernos cargo de nuestra propia vida, y en ese camino no corramos a alcanzar la felicidad idealizada como meta, sino la felicidad real, de un mundo real. Y luego ya, en un segundo momento, enfrentemos con una mejor armadura los malestares propios de las relaciones de pareja.

El amor y la gestión de las emociones en el capitalismo

Entonces, ¿por qué duele el amor?

Si esta evolución amorosa nos muestra que las luchas por la libertad y la igualdad reinan, la satisfacción personal se valida, la individualidad se respeta y los intercambios de afecto y sexo se promueven, ¿por qué el amor contemporáneo se llena de incertidumbre, ironía, ansiedad y decepción? ¿Cómo es que el desapego, la traición y el abandono encabezan las listas de los fracasos amorosos?

Esperaríamos que con todas las mejoras conquistadas, la dicha amorosa se encontraría a la vuelta de la esquina y resulta que lo que divulgan los medios, atienden los terapeutas y hablan las amistades en las charlas de café se refiere a un malestar amoroso sostenido. Si bien el *amor confluente* apunta a un ideal en el que todos tenemos el derecho y la factibilidad de quedar sexualmente satisfechos y emocionalmente conectados, también da por hecho que las condiciones políticas, económicas y socioculturales transformadas favorecen a todos y a todas por igual.

Este mecanismo social que favorece y a la vez limita la plenitud amorosa anhelada y decretada es invisible a los ojos de las personas y por eso sus desencantados corazones se cuestionan de manera autorreflexiva: "¿en qué fallé?", "¿qué información omití?", "¿cuáles traumas infantiles no he superado?", "¿qué me falta?". Los habitantes del siglo XXI intentan encontrar respuestas individuales —que los sobrecargan en su responsabilidad de vivir el amor con plenitud y sin sufrimiento— cuando las explicaciones deberían rastrearse en la misma evolución que ha dado paso a los nuevos comportamientos amorosos.

De hecho, no es sencillo observar que los nudos y obstáculos que genera el sufrimiento emocional en la vida privada hoy se relacionan más con la forma compleja de la organización del poder económico y político reinante que con la intrapsique individual. Los cambios sociales que han posibilitado la transformación del amor han generado sus propios y nuevos sufrimientos. El miedo al amor y la sobrevaloración del mismo, son la constante de nuestro penar emocional.

Rogelio y Samuel tienen 31 y 36 años, respectivamente. Tras vivir diversas experiencias erótico-afectivas para confirmar su orientación sexual y finalmente salir del clóset se encuentran y descubren que están listos para hacer un compromiso con miras al matrimonio. Se han presentado a sus familias y han iniciado una vida de pareja en forma. Sin embargo, aun cuando los cuestionamientos personales sobre su preferencia han tenido un manejo cuidadoso y determinado, cada uno tiene dudas que afectan el desarrollo de su relación.

A Samuel le genera una gran ansiedad y temor que Rogelio sea tan bien parecido y llame tanto la atención, además de que nunca antes haya tenido una relación a largo plazo. Por tanto, aun cuando está muy enamorado, sigue manteniendo una íntima amistad con su ex, Fede-rico, situación que está afectando su nueva relación.

A Rogelio este profundo vínculo que vive Samuel con su ex pareja le provoca la sensación de vivir con un in-truso, un tercero en un compromiso de dos. Además, se empieza a molestar por las renuncias sexuales que ha te-nido que hacer como parte de los acuerdos alcanzados. Se cuestiona si vale la pena esta propuesta de exclusividad sexual si Samuel no sostiene una exclusividad emocional.

Así, ambos viven la sensación de no poder poner todos los huevos en la misma canasta ante la falta de seguri-dad que les genera su compañero. Y es justamente esta ambivalencia mutua la que está debilitando la relación.

Si bien el origen de los dolores amorosos del mundo con-temporáneo poco tiene que ver con el mal de amores de an-taño, sería injusto e incorrecto afirmar que cualquier tiempo pasado fue mejor. No, la igualdad y la libertad han de seguir siendo parte de nuestros ideales normativos en el territo-rio del amor, pero ¿son dichos ideales políticos suficientes para organizar la sexualidad, los compromisos afectivos y el amor? Hoy se deja sentir que ni el confort ni la individuali-dad adquirida —productos del avance tecno-científico— ni la libertad e igualdad conquistadas —resultados de la revo-lución sexual y del movimiento feminista— han respondido como se esperaba al deseo de amor y pasión que seguimos anhelando.

Eva Illouz, en su libro *Por qué duele el amor*, afirma que el cambio fundamental de la nueva libertad ha institucio-nalizado la negociación y el intercambio emocional entre hombres y mujeres, tejiendo así la vida emocional con los principios económicos reinantes. Anteriormente, el impera-tivo de la reproducción, la familia como entidad económica, la complementariedad de roles entre hombres y mujeres, y la pertenencia a una comunidad social delimitaban los marcos de acción de la pareja por concepto de raza, clase, religión y sexo dentro del imperativo del deber ser y la sobrevivencia. En cambio hoy, la obligatoriedad de una realización personal basada en el autoconocimiento y el bienestar afectivo coronado con la conquista del amor libre e igualitario son la esperanza y la norma de las nuevas generaciones.

La danza de la infelicidad romántica

Siguiendo el planteamiento de Illouz y complementándolo con la perspectiva de Beck y Beck en *El normal caos del amor* hemos de encontrar la desazón amorosa en el núcleo mismo de nuestra nueva conformación social: en el proceso de elección de pareja, en la reorganización de la sexualidad, en los modos de reconocimiento del vínculo amoroso, en el miedo al compromiso, en las entrañas del deseo y la voluntad. Todos ellos son frutos de la modernidad y la posmodernidad que dificultan la experiencia del bienestar amoroso.

La elección moderna de la pareja

El entorno en donde se toman las elecciones amorosas, así como los esquemas mentales y emocionales que se utilizan para llevarlas a cabo, han hecho de la búsqueda y selección de pareja un proceso meticuloso, complejo y con muchos estadios. Tanto el influjo de la revolución sexual que ha cambiado las normas en los intercambios sexuales, el florecimiento de la tecnología con la infinidad de opciones disponibles en los sitios *on line*, en particular, y en internet, en general, así como el debilitamiento de la endogamia de raza, religión, etnia y clase, hacen que las opciones disponibles se amplíen exponencialmente, generando la sensación y la realidad de contar con infinidad de posibilidades.

Esta elección también se complejiza porque los gustos personales en una infinidad de ámbitos —físico, sexual, emocional, intelectual, económico— son cada vez más refinados. A esto se suma la racionalización que se usa al evaluar dichas opciones y que impulsa a los individuos a sobreanalizar sus opciones y prolongar su toma de decisión. La influencia de la triada intuición-emoción-impulso ha sido sustituida por una evaluación sustentada en emociones fijas y posibles de ser conocidas que alejan al individuo de la corazonada que movía a la acción. Finalmente, todo se exacerba con la idea constante de que siempre se podría optimizar la elección tomada con el encuentro de un candidato mejor.

La reorganización de la sexualidad

En la medida en que la sexualidad se ha constituido en una dimensión autónoma dentro de la elección de pareja, las personas tienen ahora un criterio propio de evaluación en este ámbito que, dentro de un mundo mercantilizado, genera una alta competencia y sostenida evaluación. Hombres y mujeres compiten entre sí y con sus congéneres en tres sentidos: por conseguir a las parejas sexuales más deseables, para determinar quién acumula más parejas sexuales y para exhibir sus proezas sensuales y sexuales. Si bien el mercado sexual y el matrimonial conviven, las personas o prefieren el primero o se instalan más tiempo en él antes de formalizar una relación o de contraer matrimonio. Nunca en la historia de la humanidad había existido un mercado matrimonial libre y desregulado donde el estatus socioeconómico, el atractivo físico, los ingresos, la educación, el nivel cultural —junto con otros atributos menos plausibles, como la personalidad, el encanto y el *sex appeal*— se evaluaran e intercambiaran de forma racional e instrumental.

Los nuevos modos de reconocimiento

Los seres humanos, en tanto seres sociales, nos construimos y reconstruimos con la mirada de los otros, que nos otorga un reconocimiento. En el pasado, esa confirmación se sostenía en buena medida dentro de un reconocimiento de clase/estatus, con una valoración a la fuerza de carácter, al cumplimiento del deber ser y al apego a las grandes tradiciones sustentadas por el Estado y la religión. Hoy, en cambio, con la destradicionalización de la vida que acota los referentes externos como medida de evaluación, se potencia el valor de la mirada de la pareja como fuente de valoración personal y afirmación: el tú amoroso se constituye en experiencia primordial de reconocimiento frente a un mundo desacralizado. En estas circunstancias, el amor se vuelve el territorio del reconocimiento y la validación personal: amor e identidad se entrelazan directamente.

Beck y Beck describen cómo en la pareja se deposita el yo más íntimo, se confía la historia personal y se construyen pilares importantes de la propia biografía. Reconocer la singularidad del otro, su yo único y auténtico, se ha convertido en un imperativo: sentirse único y deseado frente al ser amado es la fuente primera de existencia y confirmación. Así, la sexualidad y el amor son señales y herramientas de valor social, por lo que el fracaso en estas áreas amenaza el sentimiento de autovalía e identidad. El quiebre de una historia de amor pone en riesgo la psique, genera una vivencia de incompetencia psicológica y debilita los cimientos del yo. Como dicen estos autores, el otro nos hace y nos deshace: nos convierte en seres felices a través del primer encantamiento y en los individuos más desdichados tras el despecho.

Mariana no quiere ver a nadie. La buscan sus amigas
y familiares, la invitan a comer sus colegas del trabajo,

incluso sus sobrinas la llaman para invitarla al cine, y nada. A los 28 años, no sin dolor pero sí con éxito, salió de una relación de violencia que estaba minando su integridad física y emocional. Hasta los 33, se dedicó a trabajar el abuso y el estrés postraumático y se preparó para hacer una mejor elección y lograr una vida amorosa en plenitud, clara de que la vida en pareja era un puntal central de su vida.

A los 36 conoció a Flavio, su perfil suave, respetuoso, igualitario y comunicativo le llamó la atención. Al ser el menor y único varón de una familia de cuatro hermanos, convivió con sus hermanas mayores, lo cual lo sensibilizó en temas "de mujeres" y lo hizo particularmente empático con el mundo femenino. Mariana se sintió segura y también enamorada. Flavio había vivido con una pareja durante su maestría, pero sabía que esa relación era más la salida de la casa paterna que un proyecto de pareja y familia de larga duración.

Se casaron teniendo los dos 38 años; el festejo y la algarabía daba cuenta de la sensación de Mariana de ahora sí haber llegado a la tierra prometida. Pero, tras tres años de rica relación, descubrió una impensable infidelidad de Flavio e impulsivamente decidió terminar la relación. Para ella la exclusividad sexual era tema no cuestionable y de ninguna manera pasaría por alto lo que ocurrió. Flavio trató de acercarse a ella, de explicar y reparar, pero hasta el momento no ha logrado nada.

Mariana no sólo se vive traicionada sino con un peso de vergüenza y humillación que la ha aislado de su entorno: ¿cómo volvió a creer en el amor?, ¿qué valor puede tener que no fue suficiente para que Flavio tuviera ojos sólo para ella?, ¿cómo podrá recuperar la confianza en una pareja y la seguridad en sí misma tras esta experiencia dolorosa y la terrible desilusión? No tiene cara para

enfrentar a nadie, no se siente capaz de dar explicaciones
a la gente que la vio tomar una decisión para toda la vida
con tanta convicción.

El miedo al compromiso

Al tiempo que se sobrevalora el amor como fuente de identidad, se desconfía de la durabilidad de los vínculos amorosos y se teme comprometerse con una elección que implique la renuncia de un mayor bienestar. Como bien lo expresa Zygmunt Bauman en su libro *Amor líquido*, los hombres y las mujeres de hoy desean con desespero relacionarse; sin embargo, desconfían todo el tiempo del estar relacionados y particularmente de estar relacionados para siempre. Quizá más que relaciones, en este mundo capitalista donde la individualidad, el hedonismo y la mercantilización imperan, se buscan conexiones que den cierta sensación de visibilidad y pertenencia sin mucha implicación y profundidad y no relaciones que requieran calidez, calidad y solidez.

En los contratos amorosos se observa también esta desconfianza que dificulta la proyección a futuro: la pareja duda *a priori* de su durabilidad, lo que la lleva a establecer acuerdos de separación de bienes, a negociar puntillosamente el reparto de tareas, obligaciones y funciones, y a firmar cláusulas de divorcio en caso de haber celebrado previo contrato matrimonial. Lo que antes Dios unía para siempre hoy lo puede separar el hombre cuando lo desee. Así, el amor ya no tiene validez ni de por vida, ni de antemano.

La sexualidad y el amor se generan hoy de forma performativa: hay que crearlos, siendo y comportándose de determinadas maneras. El compromiso no es más un prerrequisito para la relación sino un objetivo a alcanzar a través de la relación; lograrlo otorga el reconocimiento que valida al yo. Pero conseguirlo no es sencillo: dada la estructura imperante de autonomía, hombres y mujeres no pueden pedírselo, lo cual genera una ansiedad nunca vista en las interacciones románticas. Se da así un precario equilibrio para conservar la autonomía y obtener reconocimiento.

Además, en una sociedad que privilegia la satisfacción personal y la autorrealización, comprometerse amorosamente significa que en el futuro, la persona que elige hoy, tiene que seguir siendo y deseando lo que en el presente es y quiere. Promesa que resulta demasiado pesada de asumir.

El enfriamiento del deseo y el debilitamiento de la voluntad

La obligatoriedad de los contratos matrimoniales premodernos indisolubles, así como los vínculos intensos y la entrega al arrebato amoroso que generaba la fusión romántica han derivado en relaciones individualistas distantes en las que lo que predomina es la racionalidad de la autoindagación y la introspección para optimizar las elecciones amorosas. Atenuada la intensidad de la emoción, se incrementa el temor al compromiso y se acobarda la voluntad.

La imaginación exacerbada y las expectativas irreales se colapsan en las relaciones concretas. Se vuelve difícil distinguir lo fantasioso de lo real en las experiencias amorosas. Esta nueva forma de amar —que migró de la economía de la escasez (no había ni muchas opciones, ni mucho tiempo que perder, ni mucha libertad de elección) a la economía de la abundancia (hay mucho de donde escoger, se puede elegir en un largo periodo de tiempo y sin presión para una definición particular y definitiva)— no moviliza con suficiente ímpetu a la totalidad de la persona en el deseo por el otro. El deseo se disipa, se hace intermitente y deja de ser una fuerza que impulsa la elección. Enfriado y debilitado el poder de la pasión, la capacidad de que la atención se fije en un único objeto amoroso y de que la voluntad se adhiera a la decisión tomada se ve entorpecida.

Las exigencias del mercado laboral

Antaño, la distinción de un mundo público poblado por los hombres y un mundo privado dominado por las mujeres excluía a las últimas del trabajo profesional. En cambio hoy, con la posibilidad de que ambos géneros se posicionen en el mundo laboral, las exigencias cuantitativas y cualitativas del mismo dificultan el acoplamiento de dos biografías paralelas en un proyecto común privado. En el mundo laboral, la disposición requerida, la movilidad implicada y la actualización demandada absorben a las personas en un tiempo completo que con frecuencia no deja espacio ni para las exigencias que los individuos nos hacemos a nosotros mismos —conservación del cuerpo, desarrollo intelectual, comprensión emocional—, menos aún para la construcción y el cultivo de una relación amorosa.

Los Beck precisan este dilema cuestionando qué tan factible es que dos seres humanos, que quieren ser iguales y libres, puedan mantener la unión del amor. Se preguntan también cuánto espacio puede quedar para una vida de pareja cuando las exigencias profesionales y laborales son tantas. Y ellos mismos describen que si sólo se tratase de amor quizá sería posible, pero que están en juego muchos factores más (trabajo, profesión, economía, política) que generan una brecha que aún sigue creando desigualdad.

Ocurre que la individualización producto de la modernización facilita la edificación de biografías con rumbos diferentes. Además, la búsqueda del yo y la autorrealización —el deber con uno mismo—, la planeación de las propias posibilidades y los deberes del currículum personal pueden hacer que la vida de pareja se convierta en una carga o un obstáculo para la construcción de la biografía personal, más que en un espacio de realización y crecimiento.

Vemos pues cómo la danza de la infelicidad romántica y los dolores amorosos no tienen que ver tanto con el egoísmo o la ausencia de valores. Más bien, la nueva configuración social y económica, los avances tecnológicos, unidos a los ideales políticos de igualdad y libertad, derivan en una paradoja amorosa: la sobrevaloración del amor por un lado y la dificultad para conseguirlo por otro. Por tanto, la decepción amorosa es hoy una constante. Más aún, el rasgo que caracteriza al amor en los tiempos actuales no es sólo la decepción sino la anticipación de la experiencia decepcionante. Como resultado, la incertidumbre se da de manera permanente: hay ambivalencia e indefinición a la hora de construir los vínculos de pareja y falta de pasión e implicación en el mantenimiento de la relación.

Y en la cama, ¿qué pasa?

Pero este malestar amoroso no abraza por igual a hombres y mujeres. Sin duda, la lucha por la equidad está inacabada y, por tanto, los privilegios masculinos vigentes ponen a las mujeres en una situación de menor competitividad, mayor desasosiego y escasas ventajas. Sin embargo, su conquista —en términos de la visibilidad y defensa del tema en los espacios políticos, económicos y sociales— pone un velo a la desigualdad imperante en la comarca amorosa difícil de visibilizar, nombrar y equilibrar, sobre todo para las mujeres.

Las mujeres heterosexuales de clase media nunca antes habían sido más dueñas de su cuerpo y de sus emociones, pero tampoco nunca habían estado tan dominadas emocionalmente por los varones. Y es justamente en los ámbitos sexuales y amorosos donde se deja sentir la desigualdad moral como experiencia de la propia valía. Recordemos que la identidad femenina tuvo su origen en la modernidad con la constitución de la esfera privada que desligó a las mujeres de la vida pública: el ser para los demás a través del amor se convirtió en el elemento clave del valor femenino.

Si bien la reivindicación de la sexualidad de los años cincuenta del siglo XX incluía a hombres y mujeres por igual, las mujeres —por la manera previa en que construyeron su identidad— tienen una estrategia más compleja de apego-desapego y anhelan más el compromiso emocional que les asegure el amor. Los hombres, por su parte, al conseguir mayor autovalidación del éxito que obtienen en la vida pública generan más desapego amoroso; esto les permite permanecer mayor tiempo en el campo sexual y disponer de más mujeres para elegir.

Aun cuando hombres y mujeres se mueven en un continuo de incertidumbre amorosa —misma que dificulta a ambos la elección del objeto amoroso, la permanencia en la relación y la obtención de satisfacción dentro de ella— la queja femenina sobre la falta de compromiso masculino es una constante. Y es que el estatus social masculino depende menos de una necesidad de reconocimiento romántico y de la construcción de una familia que de sus logros económicos, además de que el mercado matrimonial es con menor frecuencia una estrategia de sobrevivencia económica.

Esta desigualdad se fortalece con otras ventajas masculinas: el reloj reproductivo no los define ni biológica ni culturalmente. Por tanto, la búsqueda de una relación estable para hacer familia puede prolongarse en el tiempo. Además, el ejercicio de la sexualidad es, y siempre ha sido, símbolo de estatus masculino, lo cual —unido a su mayor capacidad de desapego emocional— les facilita practicar una sexualidad acumulativa que favorece su autonomía.

Así, con mayor frecuencia, los hombres ven el mercado matrimonial como un mercado sexual y tienden a permanecer más tiempo en él, mientras que las mujeres ven el mercado sexual como un mercado matrimonial y desean permanecer menos tiempo en él. Observamos pues una estrategia masculina de sexualidad acumulativa frente a la estrategia femenina de exclusividad emocional. Mientras que para los hombres el capital sexual es fuente de valor, para las mujeres lo es el amor.

Ramón de 53 años terminó con Juana María hace seis meses y ya se encuentra en otra relación. Tras un matrimonio de 13 años y un hijo de 12, producto de una elección muy consciente y del amor que se tuvieron, ambos decidieron que su camino ya no sería juntos. Sus planes personales habían tomado rumbos muy distintos, pero, como padres, estaban claros en sus acuerdos. Es más, en la medida en que lo económico estaba solucionado, no hubo siquiera necesidad de discusiones acaloradas ni de la intervención de abogados.

Así, Ramón y Juana María vivían una relación de separados afable y un capital de experiencias y disfrutes acumulado durante 13 años. Sin embargo, lo más difícil empezó tras dar por concluido su matrimonio.

Un día, Juana María entró a comer a un restaurante acompañada de un par de amigas y vio a Ramón en la barra del bar sentado junto a una mujer que difícilmente llegaba a los 40. Risa y risa, de la mano, abrazándose con afecto y diversión. Al verlos, tuvo que sentarse, pedir un refresco y decirles a sus amigas que abandonaran el lugar. Al día siguiente que Ramón pasó por el niño para ir a jugar tenis, Juana María lo abordó. Ramón no comprendió el reclamo, hacía más de un año que ya no mantenían siquiera una vida sexual activa. Por tanto, le replicó: "¿Juana, pensabas que estaría tan sólo trabajando y viendo la televisión?".

Esta respuesta hizo que Juana quisiera también conocer gente, pero rápidamente se dio cuenta de lo complicado de buscar una nueva relación. Sus exigencias eran difícilmente alcanzadas por los nuevos candidatos, los que parecía que sí se ajustaban a lo que ella buscaba decían estar solteros pero estaban casados, o cortejaban mujeres de todas las edades. Había otros que, tras haber vivido ya un complicado rompimiento no buscaban compromiso, o todo lo contrario: querían hijos, cosa que a ella, con sus 53, la dejaba fuera de circulación. Todo ello representó un reinicio difícil y que no imaginó para la siguiente etapa de su vida.

Entonces, la dominación emocional masculina se debe no a que los hombres sean insuficientes o egoístas por naturaleza, o bien a su esencia biológica y psicológica desconectada, sino a que sus opciones sexuales y emocionales son más amplias que las de las mujeres. Ahora bien, las mujeres tampoco tienen una configuración psicológica limitante ni tendrían que cambiar su deseo de apego y compromiso para encontrar y conservar el amor. Ocurre que los factores biológicos y psicológicos que puedan existir son amplificados y hasta justificados —como parte de la cultura y las instituciones— por los modelos de subsistencia económica, la mercantilización del sexo, la libertad y la igualdad normativa entre hombres y mujeres. En este desequilibrio en el campo erótico-emocional se da la base del sufrimiento amoroso.

Si bien esta visión ilumina la comprensión del malestar de pareja fuera de lugares comunes y de explicaciones simples, no podemos dejar de señalar que sigue existiendo una franca desigualdad de género en la vida laboral que también afecta la manera de vivir el amor y la sexualidad. Las puertas que la educación abrió a las mujeres en los años sesenta del siglo XX no fueron acompañadas por ninguna revolución en el mercado o en los empleos. Por el contrario, los espacios que se abrieron en la educación parecen aún cerrados en la vida laboral. La inclusión ha aumentado mas no de manera equitativa, lo cual frustra las expectativas de la nueva generación de mujeres.

A esto hemos de sumar que la liberación femenina afecta la vida familiar y de pareja. El sistema se resiste a cambiar y pugna por sostener los roles tradicionales de género colocando a las mujeres entre mundos incompatibles: la realización personal, profesional y maternal. Para los hombres, la paternidad no constituye un obstáculo para su profesión, por el contrario, los obliga a ejercerla (aunque es cierto que ellos empiezan a rebelarse y a discutir sobre sus asignaciones tradicionales, por ejemplo, la dependencia al trabajo). En cualquier caso, esta situación genera discrepancias entre las expectativas de igualdad de las mujeres, promovidas por la enseñanza y el derecho, y la realidad de la desigualdad en el trabajo y la familia, que intensifican los conflictos entre las parejas. Claramente, la igualdad de hombres y mujeres no se puede conseguir en estructuras institucionales que presupongan la desigualdad de hombres y mujeres.

Dinámicas de género hoy

Es innegable que la cultura de inclusión y no discriminación va poco a poco abriendo nuevas brechas donde lo masculino y lo femenino se integran. Así, los roles de género van cambiando y las expectativas en torno a lo que un hombre o una mujer debe ser o hacer comienzan a transformarse. De este modo, por ejemplo, podemos ver que cada vez más hombres se involucran en las labores del hogar y se interesan por la crianza de los hijos, tanto como que son capaces de expresar más y mejor sus emociones. Igualmente, más mujeres se enfrentan a tareas que en otros tiempos hubieran sido consideradas puramente masculinas, son más independientes y toman el rol de proveedoras. Aún así, la transformación no avanza ni a la velocidad que quisiéramos, ni está libre de ambivalencias y contradicciones.

Es claro que el amor —tal y como lo concebimos ahora— y la desigualdad son excluyentes, ¿pero será que las condiciones conquistadas realmente mantienen el encuentro de los sexos y la unión en el amor? El deseo de construir una autobiografía individual —autodeterminada— deja al descubierto las contradicciones de los roles de género entre hombres y mujeres y devela con mayor contundencia muchas desigualdades. Lo que ocurre es que todo esto pasa de manera encubierta, compleja, desplazada en el tiempo. No aparece como un conflicto en los ámbitos públicos, sino en el silencio de lo privado, del amor. Esta colisión se manifiesta en el enfrentamiento del yo y del tú: hombres y mujeres negocian sus características, sus errores, sus omisiones, convirtiendo los desencuentros en ajustes de cuentas privados, en un asunto personal. Y así, en aras de la justicia y el verdadero amor, millones de personas, en diferentes países, individualmente pero como en trance colectivo, se deciden a dejar "su feliz matrimonio".

Si en el pasado eran grupos minoritarios, de élite, los que podían vivir el lujo de sus deseos individuales, hoy estas posibilidades democratizadas se viven en masas. En las mujeres, de manera particular, la formación que posibilita una carrera profesional y la salida de la estrechez de la existencia doméstica aumentan la autoconciencia y las capacidades de imponerse para tener dinero propio y dejar de ver al matrimonio como medio de subsistencia. Y es que la posibilidad de construir una biografía personal es hoy no sólo factible y un legítimo deseo, sino también una tarea.

Pero a diferencia de antaño, el camino hacia el diseño de la vida individual está desligado de los modelos y de las seguridades tradicionales, así como de los controles ajenos y de las leyes morales. Hombres y mujeres del siglo XXI pasan así de las certidumbres del progreso de la sociedad industrial hacia la soledad de la autorresponsabilidad y de la autodeterminación de sus vidas y sus amores. Todas éstas son faenas para las que no están preparados, ni ellos, ni las instituciones. ¿Por qué? Porque esto se da en un mercado laboral que no tiene empacho en descuidar —a favor del logro de sus objetivos— ni las relaciones familiares, ni las amorosas y menos aún las vecinales.

Así es como ampliamos la perspectiva y vemos que las nuevas elecciones privadas, producto de un cambio de cosmovisión, también tienen una cara pública. Estas decisiones también son un hijo tardío del mercado laboral: las exigencias externas del mercado se internalizan, se integran en la propia persona, en la planificación y el estilo de vida, chocando así con la estructura familiar, cuya división del trabajo excluye justamente esto.

Anteriormente, una biografía del trabajo doméstico engarzaba con una biografía del mercado laboral, pero ahora, dos biografías del mercado laboral tienen que girar sobre sí mismas (aun cuando son incompatibles pues requieren de personas individuales y móviles). Sin duda, estas últimas libertades y obligaciones —a diferencia de los anteriores y estereotipados roles de género— son más jóvenes, más atractivas, más en sintonía con la visión posmoderna que rige al mundo, pero también integran contradicciones en el seno de la vida amorosa y familiar. Lo que antes hacían hombres y mujeres sin cuestionar, hoy se tiene que hablar, razonar, negociar y acordar, y justo por eso también se puede revocar.

¿Aumentan las posibilidades de autoconstrucción individual? Sí, pero también aumentan la complejidad, la ambivalencia y la contradicción, ya que en el seno de la vida amorosa son sus mismos actores quienes se convierten en los legisladores de su propia forma de vida, en los jueces de sus errores, en los sacerdotes que se perdonan y en los terapeutas que interpretan y flexibilizan las cadenas del pasado. Es difícil acordar reglas con la misma velocidad con que se necesitan, ya que cada vez resultan falsas, injustas y, por tanto, provisionales desde la perspectiva de cada uno.

Y es que la liberación de las adjudicaciones estamentales de roles de género no sólo toca a las mujeres, requiere que los hombres también cambien su autoentendimiento y comportamiento. Ellos han dado lugar a una apertura verbal, pero han mantenido al mismo tiempo una gran rigidez en el comportamiento: son muchos los que defienden con la cabeza la igualdad pero no la practican. Con cierta habilidad y un discurso flexible, se empeñan en mantener las viejas adjudicaciones y por eso sin ninguna contradicción defienden su propia exención del trabajo doméstico y la igualdad de los derechos de las mujeres. El problema empieza cuando la libertad de la mujer amenaza su independencia.

Hoy la inequidad se ve con más claridad y las desigualdades se vuelven más obvias, injustificables, insoportables y más políticas. Es evidente cómo a mayor centralidad de un ámbito social, menos mujeres están incluidas: en las posiciones clave de la política y la economía las mujeres siguen siendo minoría. Lo contrario ocurre también: a menor importancia del puesto, más cantidad de mujeres se posicionan en él. Sin mencionar que, en general, en los mismos niveles de poder las mujeres tienen ingresos más bajos que los hombres.

Podemos afirmar, tras esta trayectoria, que hoy el problema de muchos desencuentros entre hombres y mujeres no es sólo un asunto de amor. Las relaciones entre los géneros ya no pueden explicarse sólo por temas de sexualidad, cariño, paternidad o matrimonio, y continuar ignorando el trabajo, la profesión, la desigualdad, la política y la economía. Todo esto explica el elevado número de divorcios, el aumento de las parejas que conviven sin casarse, los hijos extramatrimoniales, los padres divorciados, los amos de casa, etcétera. La tendencia es imparable: cada vez hay más personas que ante la imposibilidad de gestionar biografías paralelas y la búsqueda de una vida regida por los propios deseos, intereses y valores, eligen desde modelos amorosos diversos que desafían el matrimonio tradicional, hasta una vida singular. Pero sin duda, el futuro es medianamente promisorio: el enfrentamiento de los géneros determinará los años venideros.

Capítulo 3

EL MALESTAR DE LAS RELACIONES CERRADAS Y LA APERTURA A UNA NUEVA ARQUITECTURA AMOROSA

La gestión del deseo actual

El deseo y sus vicisitudes

Tenemos que reconocer que, lejos de la normatividad, de lo socialmente aceptado —y por ello percibido como normal—, hay muchas otras formas de relacionarse, porque el deseo siempre está ahí. De hecho, es muy probable que la base general de la experiencia humana sea nuestra capacidad de desear: ser humano es ser deseante, siempre estamos deseando algo. Podemos entender el deseo como un flujo constante que surge de nosotros y se dirige hacia afuera, por medio de él nos vinculamos con lo que nos rodea —y con quien nos rodea—. Los objetos del exterior, al ser impregnados por nuestro deseo, se convierten en significativos, amables, personales.

El deseo es inagotable, lo cual desencadena un sinfín de realidades. Por eso resulta difícil, pues el acto de desear inaugura un mundo de incertidumbre, de desobediencia e intensidad. Desear es querer tener algo, pero a diferencia de las necesidades, el deseo nunca se colma del todo y nos deja insatisfechos.

Las necesidades de comida, sexo, poder, dinero —con mayor o menor trabajo y empeño— pueden satisfacerse si las condiciones son adecuadas. Pero el deseo es siempre ilimitado, genera demandas variadas, voraces, llenas de significados, erráticas, y éste es justo el territorio del amor. La demanda se dirige a otros sujetos, no a objetos, y siempre remite a una petición de amor. Por eso nunca se puede saciar del todo: no hay un objeto concreto al que se dirija. Se ama porque se desea, no se desea porque se ama.

Una hermosa definición del amor nos dice que "el amor es lo que nos deja inconsolables" porque, como el amor es infinito y no podemos poseerlo, requerimos siempre más: más tiempo, más actividades, más cuidados, etcétera. El error se da cuando hacemos demandas de amor como si fueran necesidades que se pueden satisfacer, y como no es así, resultan frustradas. Colocar al amor en el plano de la necesidad nos impulsa a pedir amor, necesitar amor y querer que nos lo den de forma completa y total. Al enfrentarnos a la imposibilidad de obtenerlo nos sentimos "en falta", pensamos que hemos hecho algo mal, o bien, decidimos que el que está en falta es el otro, ya que "no me da el amor que yo quiero".

En los niños, las necesidades biológicas exigen, al principio, una relación total y exclusiva con la madre o con quien haga la función materna: dependen por completo de ella y no hay lugar para nadie más. Esta idea de totalidad la encontramos en las relaciones exclusivas típicas de la monogamia que trasladan esa fantasía infantil a las relaciones eróticas adultas: el anhelo de fusión y exclusividad que se gesta entre los amantes. Toma tiempo entender que no existe el amor total y que nadie satisface del todo a otra persona. Sin embargo, hay quienes sostienen este deseo a lo largo de los años y se acostumbran o quieren tener a su lado a alguien que permanentemente satisfaga sus necesidades. Pero nadie nos satisface por completo.

Antes o después, pasado el enamoramiento, nos enfrentamos con la imposibilidad de una relación que llene todas las áreas de nuestra vida y todos los matices de nuestra persona. En el mejor de los casos, percibimos la sensación de "esto que tengo es bueno, pero falta algo". Es en ese momento cuando fácilmente nos confundimos y culpamos al otro de nuestra insatisfacción, sobre todo en una sociedad donde se prioriza el deseo. Simplemente, ocurre que la lógica del amor es diferente a la lógica del deseo: se elige como pareja a alguien a quien amamos y con quien queremos compartir buena parte de la vida, pero el deseo no se compromete con nadie. El sexo, el erotismo y el amor tienen un potencial inimaginable y multidimensional. Por tanto, en contra de lo que se ha querido adoctrinar y defender a lo largo de los siglos, las personas podemos aplicar diversas conductas erótico-afectivas en forma simultánea a diferentes personas, con distintos propósitos y en situaciones divergentes.

Fabio, de 52 años, se siente decepcionado y abandonado por su nueva pareja. Tras 10 años de un matrimonio de baja compatibilidad y poco disfrute decidió divorciarse de Andrea, cuyo temperamento y excesivo énfasis en su rol de madre habían mermado su vida amorosa y desgastado su relación.

Cuando conoció a Carmen, con quien ha estado los últimos ocho años, se consideró muy afortunado. Con ella compartía gustos, ideología y estilo de vida. Es más, algunos aspectos de sus trabajos les habían permitido intercambiar ideas y potenciar su rendimiento laboral. Pero, recientemente, Carmen no ha podido estar tan disponible ni conectada con Fabio como quisiera. Un ascenso laboral le demanda ciertas capacitaciones y horas extra de trabajo; encima, su madre sufrió un infarto cerebral del que se recupera muy lentamente y requiere muchos cuidados. Esta nueva situación ha provocado ciertas discusiones y la necesidad de nuevos acuerdos, pero sobre todo ha demandado mil malabares por parte de Carmen para aminorar el malestar de Fabio. Él intenta ser racional en sus peticiones y maduro en sus respuestas pero siempre acaba resintiendo la falta de atención de Carmen.

Ayer, en una sesión de terapia Fabio afirmó: "Todo era tan completo y tan perfecto que temo que nunca vaya a ser igual". A lo que ella replicó: "Sin duda, las cosas pueden mejorar pero no volverán a ser iguales, ya no estamos en esa etapa inicial de enamoramiento y, además, la vida pone retos que tenemos que sortear juntos".

Las desilusiones de Fabio aumentan al igual que el cansancio de Carmen, quien ha pedido una separación para evitar que lo que queda entre ellos se desgaste por completo y así poder capotear —sin las demandas de Fabio— la recuperación de su madre y su adaptación laboral en plena transición.

Nuestra naturaleza compleja, contradictoria y ambivalente provoca que las relaciones demasiado exclusivas y totales lleguen a cansar, se pierda el interés y deriven en buenas amistades, pero no en relaciones amorosas eróticamente estimulantes. Sin embargo, ser conscientes de esto, cuestionarlo y aceptarlo genera miedo, culpa, humillación. ¿Cómo entender que somos una multiplicidad de personas en las que existen intereses, necesidades y deseos que van más allá de nuestro yo predominante? ¿Cómo hacer que los distintos yos que nos constituyen puedan expresarse y satisfacerse?

La fidelidad emocional *vs.* la exclusividad sexual

Biología o cultura

Nadie ha comprobado que la monogamia sea inherente a la especie humana, lo que sí se ha estudiado es más bien lo contrario. Pero empecemos haciendo precisiones y definiendo la palabra *monogamia* como la condición, regla o costumbre de estar casado con una sola persona a la vez. Es decir, tener un solo cónyuge. Sin embargo, usamos con frecuencia el término *monogamia* para señalar una conducta de exclusividad sexual y no de estado civil, lo cual es una seria equivocación. Dicho esto, y sin entrar en polémica, adentrémonos en el asunto.

Es común el debate sobre si los seres humanos somos monógamos o no por naturaleza, queriendo con tal reflexión avalar o desbancar creencias, preferencias, incluso prejuicios en cuanto a la necesidad o decisión de adoptar —o no— comportamientos de exclusividad sexual en la vida de pareja. Pero ¿es válido hablar sólo de naturaleza? Para entender nuestro comportamiento humano hemos de afirmar que mucho de lo que somos y actuamos como especie es producto de nuestra cultura: comportamientos que se instalan a lo largo del tiempo en respuesta a condicionantes sociales, religiosos, económicos, jurídicos y políticos del momento. Lo biológico pesa, claro, pero somos la mezcla de naturaleza y cultura.

Las normas sociales impuestas por las instituciones desde antaño favorecieron el estatus matrimonial y la fidelidad a una sola persona como resguardo de la estabilidad de la sociedad, reforzando así la idea de que el matrimonio y la fidelidad eran el camino correcto, lo que debía ser. Las leyes castigaban con severidad las infidelidades, desde luego con mucho más dureza las femeninas, pero fue la Iglesia, con el Concilio de Trento, quien convirtió el matrimonio —heterosexual— en un acto sagrado amarrando así la ecuación. Este paradigma se aplicó —y se aplica— en la mayoría de las culturas. Así visto, las motivaciones que dieron origen a la idea de la monogamia son particularmente vulnerables, pues no son leyes de la naturaleza sino acuerdos sociales.

La monogamia, creada por los varones para sostener el poder y el dominio sobre sus pertenencias, tiene como efecto el acotamiento en un tipo de relación que además de apuntar a ideales difíciles de lograr, generalmente produce insatisfacción. Surge entonces una doble moral que abre la puerta a la figura de las prostitutas y cortesanas como vías de escape que permitan una seudo liberación y un sexo más pasional y lúdico para los hombres.

Resulta entonces que se puede ser monógamo por elección, pero no por naturaleza: la tendencia a hacer pareja es natural, pero al mismo tiempo, la inclinación biológica apunta más bien a la promiscuidad. El enamoramiento, etapa previa al amor, tiene un límite en el tiempo y dura alrededor de tres años. Este tiempo corresponde al ciclo completo que nuestros antepasados requerían para reproducirse, ciclo que abarcaba desde la concepción hasta que la cría se defendiera con cierta soltura. En ese periodo se daba un emparejamiento blindado por una especie de monogamia, hasta que desaparecidos los efectos narcóticos del romance terminaba la necesidad de la fidelidad e incluso del vínculo.

En la actualidad, con todos los recientes fenómenos sociales que favorecen la autonomía, la libertad sexual, la globalización y el deseo de realización personal, tratamos de vivir rezagos de aquello que nos dio origen como especie humana, pero que se traduce más en monogamias sucesivas que en una monogamia total. Casi podríamos afirmar que apuntamos más a ser polígamos que monógamos. El "chip" que nos programa para la fidelidad se encuentra en permanente lucha contra nuestro instinto, pues justo tiene más que ver con el fenómeno químico que se da durante el enamoramiento —donde difícilmente caben más de dos— que con una tendencia de nuestros genes.

La bióloga y antropóloga estadounidense Helen Fisher, en su libro *Anatomía del amor*, enfatiza que lo que caracteriza nuestros comportamientos sexuales es la necesidad de garantizar nuestro futuro genético a través del apareamiento. Así, las conductas de cortejo, galanteo, incluso el casamiento, son conductas de seducción con el fin de reproducirnos. Desde esta perspectiva, la misma Fisher argumenta que el adulterio tiene incluso un sentido en la evolución: que los machos difundan sus semillas y las hembras diversifiquen su grupo genético y reciban al tiempo más ayuda.

Fisher no es la única antropóloga que considera que no sólo nosotros los humanos —sino que la mayoría de las especies animales superiores— somos polígamos con el fin de lograr una reproducción con mayor diversidad genética. De hecho, con recientes técnicas de detección genética se descubrió que incluso algunas aves que se les consideraba monógamas se escapan por episodios breves de tiempo de su nido y tienen aventuras con otros pájaros. Diversos antropólogos agregan incluso que en los homínidos los machos —que tienen una gran cantidad de espermatozoides— requieren varias hembras —quienes sólo tienen un óvulo y menos posibilidad de quedar preñadas— para diseminar su semilla, protegerlas y hacer perdurar la especie. ¿Por qué copular con una sola hembra cuando copulando con varias pueden traspasar más de sus genes a la posteridad?

El instinto, en este sentido, no favorece la exclusividad sexual sino que, por el contrario, impulsa las relaciones sexuales fuera del vínculo de pareja. A esto se suman las investigaciones de Fisher y otros antropólogos evolucionistas, quienes han encontrado que los humanos contamos con un equipo biopsíquico que nos permite sentir un profundo apego a una pareja, un amor romántico intenso por otra persona y un deseo de sexo pasional con muchas otras. Claramente, en ocasiones, se pueden ajustar estas tres competencias —con algunos sacrificios— en una sola persona, pero no hay duda de que esto generalmente crea una compleja gestión interna. Ángeles Mastretta escribe en su libro *Mal de amores* que no es cierto que las mujeres quieran ser monógamas y los hombres polígamos. Más bien, desde la perspectiva de la mujer, lo ideal sería tener tres hombres, uno lindo y tierno para los hijos, otro divertido, arriesgado y pasional para el romance, y hasta un tercero y cuarto por si se muere alguno de los dos.

Por tanto, los acuerdos monogámicos son eso, acuerdos que tienen su origen en una evolución del orden socioeconómico y no en una condición propiamente antropológica. Más que un valor intrínseco en el ser humano o un imperativo de nuestra dimensión biológica, la monogamia es resultado de imposiciones externas que les dieron forma a las sociedades de antaño (y a las de ahora), más que a tendencias naturales.

Además, en el siglo XXI los intereses económicos en el matrimonio han perdido contundencia en relación con los intereses sexuales: la relación duradera sostenida sobre intereses esencialmente económicos ha migrado a una relación sexual duradera basada en necesidades afectivas. Es por esto que los modelos tradicionales de hacer pareja se están derrumbando sin que existan aún modelos nuevos aceptados por la mayoría de nosotros. Aunque se están practicando ciertos esquemas novedosos, siguen siendo de algún modo adaptaciones de ideas o prácticas ya existentes.

Los humanos hemos divorciado el sexo de la procreación, lo mismo que el amor del sexo. Obviamente éstos pueden encontrarse juntos, pero es clara la diferencia con los animales, los cuales, en su mayoría, tienen sexo para procrear. Nuestras determinaciones respecto de las respuestas sexuales, las relaciones afectivas, la fidelidad y la infidelidad son mucho más que variables biológicas, se trata de la conjunción de varios factores. La biología no manda, es el pensamiento conservador el que la malinterpreta para ordenar el mundo como "debe de ser", lo que suele coincidir con sus propios intereses. De hecho, la fidelidad no siempre es elegida y aceptada libremente por cada uno de los miembros de la pareja; y si la fidelidad es impuesta, puede convertirse en dependencia.

Fidelidad y exclusividad

Ninguna realidad de pareja nos llena, pero eso no significa que tengamos que disolverla, ni que hayamos de reprimirla. El deseo vive en la ausencia y el amor en la presencia. En una relación amorosa de larga duración el deseo es difícil, pero también lo es el amor. Pero no es incompatible amor con duración y compromiso, por el contrario, el amor vive en el tiempo largo. Si la decisión a este dilema es una exclusividad electiva, que no pide nada, que no tiene por qué exigir reciprocidad, nos situamos en un territorio original, novedoso, donde la otra persona no se considera territorio conquistado. En él, se puede vivir una relación de fidelidad que no implica, obligatoriamente para el otro, exclusividad, ni emocional, ni intelectual, ni siquiera erótica. Un concepto de fidelidad así no es fácil, pero sin duda se aleja de los conceptos patriarcales de exclusividad sexual y posesión basados esencialmente en los miedos de los hombres y en la transmisión patrimonial de origen medieval.

Las relaciones amorosas requieren siempre de algún tipo de contrato al cual los amantes, si quieren cuidar y expresar la mutualidad, la fortaleza y la unicidad de su relación, han de ser fieles. En este contrato, la pareja define asuntos en relación con el dinero, la familia, los amigos, el trabajo, la comunicación y el uso del tiempo. Lo erótico y lo sensual por supuesto quedan inscritos en dicho contrato.

Entendida así, la fidelidad en una relación de pareja se desarrolla a partir del mundo singular que crean los amantes: núcleo de la misma es el propio compromiso entre ellos. La persona fiel es entonces aquella que cumple con sus promesas y mantiene su lealtad aun con el paso del tiempo y las distintas circunstancias. No hay duda de que en un mundo tan velozmente cambiante, los acuerdos han de revisarse y ser consensuados, de manera que se actualicen y respondan a quienes las personas son hoy y no a otros tiempos y otras circunstancias.

Pero hemos dado por hecho que la fidelidad es lo mismo que la exclusividad erótica. La exclusividad erótica sólo es valiosa si se elige voluntariamente y no si se adopta para amortiguar el miedo inmanejable, aumentar las certidumbres de la existencia o simplemente para obedecer a una prescripción social. No se puede negar que en los encuentros amorosos, el cuerpo, lo sexual, lo erótico, genera en los involucrados una experiencia que conmociona a la persona toda y por lo tanto los vincula. Esta experiencia tiende a ser de tal magnitud e intimidad que detona una necesidad de certezas, de totalidad, de exclusividad.

Pero sigamos haciendo distinciones: la fidelidad y la exclusividad son un acuerdo, pero no son lo mismo. Podemos concebir una relación fiel en la que se den relaciones extraconyugales y una relación infiel en la que éstas no existan.

Una vida de pareja ha de ser capaz de expresar lo propio de las relaciones amorosas: mutualidad, fortaleza, unicidad e igualdad, pero lo que podemos o no hacer en relación con lo erótico y lo sexual se define dependiendo del contrato amoroso que establezcamos.

La fidelidad es una virtud, es buena y se requiere en toda relación. La exclusividad es una decisión opcional: no es ni buena ni mala en sí misma. La infidelidad es el origen de graves conflictos en cualquier tipo de relación humana: ser infiel es, por lo general, malo. Ser —o no— exclusivo depende de los acuerdos a los que lleguemos. Sin duda hay personas que desean una fidelidad entendida como exclusividad erótica: no sufren por ello más que lo lógico ante toda renuncia; pero ser fiel por no atreverse a ser infiel es triste y frustrante.

El problema de la no exclusividad no es una cuestión del daño que produce la conducta sexual en sí. Es traumática porque esa sexualidad ajena a la relación nos amenaza en algo importante: la hombría, la feminidad, la seguridad, la intimidad, la economía, la preeminencia, el orgullo. Todas estas realidades comparten el más grande de todos los miedos que tenemos: la pérdida, el abandono, y de la mano de ellos, la comparación y la humillación.

La inclusión del tercero, sea en el plano que sea —fantástico, virtual o actual—, plantea la necesidad de contener la experiencia de pérdida y abandono. Precisemos esto: el tipo de amenaza que las relaciones eróticas con otra persona suponen para el cónyuge no está en el sexo mismo. Es cuando la presencia de un tercero se convierte en humillación, reclamo, engaño o amenaza que el miedo y la herida son muy grandes y, con frecuencia, insuperables.

Esto es lo que finalmente crea problemas y no tanto la inclusión del otro ni las acciones que se realicen con él. Su presencia puede incluso iluminar una relación amorosa estable aportando emoción y placer a las personas que la componen. Tal vez, integrar esta diferencia entre significados y acciones en relación con la no exclusividad sexual es una de las tareas más difíciles de llevar a cabo dado que rompe paradigmas monogámicos arrastrados de generación en generación en las culturas patriarcales (que son casi todas). Además, el dilema no es fácil de resolver porque implica la existencia de otras personas con las que se establecen vínculos de diversos tipos (sociales, emocionales, intelectuales, sexuales, eróticos, económicos —al mismo tiempo o por separado—).

Las relaciones eróticas con terceros son siempre impactantes ya que, al final, es la dimensión erótica la que le ha dado sentido de unicidad a la pareja. Por eso, todo lazo fuera de la relación primaria siempre corre el riesgo de desestabilizarla. Un buen ejemplo es la relación de Jean Paul Sartre y Simone de Beauvoir, quienes decidieron entablar un vínculo no monógamo que tampoco se ajustara a los cánones matrimoniales ni a la convivencia domiciliaria. El paso del tiempo mostró la dificultad de la inclusión de los terceros: Sartre mantuvo romances con mujeres cada vez más jóvenes —lo que Beauvoir interpretaba como una incapacidad para aceptar la edad adulta—, mientras ella mantenía esporádicas relaciones con otros hombres y otras mujeres, algunas de las cuales eran a la vez amantes de Sartre. La misma Simone divulgó los placeres y tormentos de su vida en pareja. De toda esta complicada historia nos quedamos con la costumbre que adoptaron durante la década de los cincuenta de pasar septiembre y octubre en Roma.

La no exclusividad sexual no es fácil de pactar ni de vivir. Además, a más inmadurez personal y menos autonomía, más intensa es la sensación de miedo y humillación. Sin embargo, tampoco son fáciles las renuncias y represiones que a veces conlleva la vida monógama, y no sólo eso, está la pérdida del deseo que lo extremadamente doméstico y cerrado detona en la vida de la pareja. ¿Qué funciona para cada quién? ¿Qué riesgos se toman y qué desafíos se enfrentan? Son respuestas que cada uno tiene que pactar desde la propia elección, responsabilidad y cuidado de uno mismo y del otro (y de los otros[as] involucrados[as]).

Fernando, de 41 años, finalmente ha decidido no vivir con nadie. Ya lo hizo a sus 25 con Sandra, su novia de toda la vida, y terminaron mal. Estando casado conoció a Erika en su trabajo; la atracción que sintieron el uno por el otro fue sorprendente, por lo que tuvieron algunos intercambios sexuales de pocas palabras y mucha pasión, pero luego, Sandra los descubrió. No hubo forma, ni ruego, ni promesa que pudieran convencerla de que ella era su gran amor. "Yo quiero ser tu único amor", le argumentaba a ella, así que tras 15 años de relación —siete de noviazgo y ocho de vivir juntos— Sandra terminó la relación y se marchó a trabajar a Nueva York para salir del duelo de su rompimiento.

Sin embargo, nunca dejaron de estar comunicados de una u otra forma: de felicitarse en sus cumpleaños y de buscarse cuando ella venía a México. Fernando la amaba y sabía que la seguiría amando. De hecho, cuando ella tuvo un embarazo no deseado (con un hombre tampoco deseado), él voló a Nueva York para acompañarla en el aborto que se realizó.

En México, Fernando inició y mantuvo una relación bastante buena con Josefina (con quien nunca vivió) mientras continuaba sus esporádicos y apasionados encuentros sexuales con Erika (con quien siempre se entendió de maravilla sobre un colchón), pero el apego a Sandra —y el deseo de acompañarla en las buenas y en las malas— nunca disminuyó. En alguna ocasión, incluso le pidió que fueran amantes de ocasión, a lo que ella accedió hasta que conoció a Steven, con quien posteriormente Sandra se mudó.

Mientras ella se mantuvo firme en la razón por la que terminó con Fernando, él, en cambio, se permitió vivir, entre acuerdos implícitos y explícitos, en un minicondominio sexual y amoroso. Aunque eso sí, muy honesto y con los cuidados necesarios para evitar raspones innecesarios a los habitantes de cada recámara.

Pero si abrimos la posibilidad a esta dicotomía entre fidelidad y exclusividad sexual cabría preguntarnos ¿a qué somos realmente fieles cuando somos fieles en una relación de pareja? Rafael Manrique, psiquiatra español estudioso de los comportamientos amorosos, dice que somos fieles:

- *Al pasado*, es decir, a la historia que hemos construido juntos a través de una sucesión de hechos y experiencias compartidas; a ese vínculo que queremos conservar, disfrutar, aumentar. Ningún valor puede construirse sin memoria —las relaciones amorosas la tienen—, ella es la que nos hace conectar el pasado con el presente y mantener un vínculo de compromiso.
- *Al presente*, a los deseos, intereses y valores que nos constituyen; a todo lo bueno, bello y verdadero de nuestra relación. A lo que hace que esté viva y continúe: la ternura, el deseo, el apego, lo cotidiano, un cierto enamoramiento, el compromiso.
- Y, por último, somos fieles al devenir de la relación en *el futuro*, aun cuando ésta cambiara o terminara, reconociendo que siempre estaremos en la vida del otro y que el otro siempre será parte de nuestra vida, valorando siempre el amor que algún día nos tuvimos.

Por otro lado, reconocer la posibilidad de que un otro siempre diferente aporte lo que no tenemos es una fantasía cuyo atractivo no podemos negar. Incluir a mi repertorio erótico-amoroso a más de una persona se puede convertir en una posibilidad, quizá más aún, en una realidad, compleja pero deseada. También es posible que uno de nuestros mayores deseos sea el de ser el deseo de otros, es decir, ser el objeto de deseo de otras personas. Y quizá sea verdad que ser objeto de deseo es la distancia más cercana a la que podamos encontrarnos de la infinitud, de la permanencia. El deseo exige lo nuevo, lo transgresor, lo único, lo privado, lo pasional. Tal vez sea momento de reconocer que más que un problema de relaciones, podemos tener una pluralidad de éstas.

El ABC para vivir de a tres (o más...)

Es común pensar que la intervención de un tercero en la pareja se debe a un déficit en la relación, a conflictos conyugales o a grandes carencias individuales, y sí, en ocasiones eso está en la superficie de las infidelidades. Es cierto que las relaciones amorosas con alto grado de conflictividad favorecen la aparición de terceros; pero nada de eso puede negar nuestra condición humana, siempre carente y necesitada, insatisfecha. Nuestro diario vivir es una constante contradicción: "queremos esto y esto otro también", "nos gusta tal cosa y al mismo tiempo nos cansa". Y si esto se exacerba en un mundo que nos abre cada día infinidad de opciones en todas las áreas de nuestra vida —laboral, social, académica, cultural, política, familiar—, ¿cómo resolver este dilema en el territorio erótico-amoroso? Hemos dicho que esta diversidad incluye complejidad y contradicción, pero no necesariamente patología.

Así como otros grandes movimientos sociales (la revolución sexual, el feminismo, el movimiento gay, etcétera), quizá nos acercamos como especie a una revolución que incluya estas distinciones. No hay duda de que, en la práctica, las personas tienen una vida erótica mucho más variada de lo que confiesan. Si bien esta conducta ha sido milenariamente privilegio de los varones, cada vez más mujeres cuestionan su posicionamiento en estos asuntos y se juegan, con todo el estigma social que todavía pesa en ellas, la creación de una vida erótica más rica y variada.

Ahora bien, es fácil adoptar el estandarte de la fidelidad como diferencia de la exclusividad sexual para ser autoindulgentes con conductas poco reflexionadas y no necesariamente constructivas para la relación de pareja, o bien para evadir situaciones problemáticas con el cónyuge por miedo o pereza de confrontar. Dicho esto, cabe afirmar que la distinción planteada no es cosa sencilla, se requiere madurez, ciertas características de personalidad, muchos acuerdos y conversaciones, y particulares condiciones de vida para que la resultante sea coherente con los valores y necesidades de la pareja, y compensen más a la relación de lo que la puedan desestabilizar, lastimar y deteriorar.

Pero sin ser sencillo, tampoco es imposible. Existen relaciones amorosas —estables, comprometidas, incluso suficientemente pasionales— que desarrollan ciertas características que les permiten incorporar, como parte de sus acuerdos relacionales, la convivencia con otras personas. Integrar a un tercero siempre representará riesgo y complejidad para la dupla amorosa básica, pero no necesariamente tiene que significar extrema carencia dentro de la relación. Sobra decir que esta alternativa no implica ni infidelidad, ni engaño, menos adulterio, comportamientos todos que por lo general perjudican el sostenimiento de una relación amorosa. Aun así, contemplar esta posibilidad requiere un espíritu transgresor, una apertura de mente y cierta flexibilidad en el actuar.

Para algunos, una relación completamente cerrada a terceros puede desembocar en el aburrimiento y el desinterés, para otros puede ser algo deseable y con costos muy bajos. Ambas opciones son válidas. Una relación conservadora tiene más modelos a seguir y no por eso se ha de catalogar de simple, pero sí puede ser más sencilla de manejar e incluso de conservar. Una relación más abierta requiere una reflexión de los efectos en todos los involucrados, así como un mayor riesgo de disolución. Todo esto implica ciertas restricciones y requisitos presentes para que la experiencia sea eso, una experiencia enriquecedora y no una lastimosa catástrofe.

Es definitivo que adoptar esta opción de vida no es fácil, incluso es peligroso pues nos posicionamos en una forma de hacer pareja poco convencional, con implicaciones eróticas y sexuales medianamente predecibles que pueden alterar la dualidad amorosa generando distancia emocional y sexual de la pareja. De ahí la importancia de ser muy prudentes cuando se plantea esta nueva forma de vivir la fidelidad.

Como dice Anthony Giddens en su libro *La transformación de la intimidad*: cuando se está preparado para respetar al otro como un igual, y se tiene una suficiente dosis de confianza y seguridad en uno mismo y en la pareja, el amor puede desafiar los marcos convencionales, permitiendo una dinámica social más amplia y tolerante. Liberar a Eros no es sólo coherente, sino la verdadera condición para forjar relaciones más civilizadas. En este sentido, los acuerdos extramaritales son también liberadores. Sin duda, una sexualidad abierta, extraconyugal, puede ser pretexto para evitar la intimidad, pero también ofrece un medio para sostenerla, transformarla y perfeccionarla.

Así, podemos afirmar que las relaciones extraconyugales y los nuevos modelos amorosos no han de ser necesariamente incompatibles con relaciones amorosas duraderas y satisfactorias. Estos planteamientos nos abren la puerta a nuevos acuerdos de pareja y a nuevas formas de vivir el amor diferentes al matrimonio monógamo heterosexual, válido y deseado para algunos, pero insatisfactorio y no plausible para todos.

Nuevas formas de acompañamiento amoroso

Uno de los grandes valores alrededor de los cuales se articula el matrimonio es la idea de compromiso: una obligación, un acuerdo formal al que se obligan dos personas. Sin embargo, sus implicaciones van más allá, al entenderse prácticamente como una declaración de principios: uno le declara su amor y fidelidad al otro ante la sociedad, enviando así un mensaje estrechamente asociado a un contrato de propiedad, "yo soy tuyo y tú eres mío".

Por lo general, esta declaración es percibida como una prueba de madurez, como una demostración inequívoca de que la persona en cuestión es responsable y puede hacerse cargo de sus afectos y sus acciones. En este sentido, todos aquellos en "edad de merecer", como dice el dicho, pero que no se han incorporado al mundo de los casados, son vistos con cierto recelo: ¿por qué no lo han hecho?, ¿qué hay de malo en ellos? De hecho, ésa es la asociación inmediata: seguro tienen miedo al compromiso o son incapaces de tener una relación "como Dios manda". Claro, también surge el cuestionamiento a su preferencia sexual ("¿Será que no le gustan los miembros del sexo opuesto?") o, bajo una mirada más liberal, se piensa que su identidad sexual es sólo el resultado de una falta de definición más profunda ("Realmente no sabe lo que quiere"). Sin embargo, el discurso socialmente aceptado olvida que el compromiso es un acuerdo entre dos (o tres o cuatro), que los pactos dependen de las preferencias y necesidades individuales y que, por lo tanto, no vienen en un único formato.

¿Qué pasa si los individuos en cuestión valoran la idea de compromiso, sólo que no están de acuerdo con los términos de las negociaciones más frecuentes? ¿Qué ocurre cuando la pareja no desea cumplir con los cánones tradicionales, por ejemplo, con la idea de vivir juntos por siempre? ¿Qué tal si los acuerdos y el compromiso de uno con el otro se limitan a unos cuantos días a la semana/mes o si incluye una sexualidad abierta? Las formas de relacionarse afectiva y sexualmente están evolucionando y con ellas los retos para definirlas; son parte de esta modernidad líquida —como refería el sociólogo polaco Zygmunt Bauman— donde las fronteras se diluyen, donde los términos que usamos para clasificar y entender las relaciones se han convertido en moldes estáticos que ya no se ajustan a las nuevas realidades. Éstas representan nuevos retos y seguramente se trata de modelos todavía por depurar, pero negar su existencia o asumirlas como algo pasajero es un error garrafal.

De hecho, los primeros esfuerzos para superar las fallas del modelo tradicional, de la institución matrimonial fueron, por decirlo de alguna manera, abruptos pero simplistas. Vivir juntos pero no casados (unión libre) o casarse con uno y luego con otro (monogamia serial) no eran soluciones que atendían el problema de fondo de la convivencia de pareja.

Ocurre que las transformaciones en la composición y la dinámica interna de la pareja y la flexibilización de estos procesos son parte de una revolución silenciosa. El proceso lineal de emparejamiento (noviazgo-matrimonio-convivencia en la misma casa de por vida) ha cambiado. Por tanto, el proceso de entrada y salida de la vida en pareja está presente a lo largo de todo el ciclo vital. Como menciona el sociólogo Andrew J. Cherlin en su libro *Marriage go Round*, se trata de una especie de carrusel de feria donde unos entran y otros salen pero todos giran.

LAT

Los LAT (*living apart together* o vivir juntos separados) son el tipo de relación más parecida a una pareja tradicional. Con frecuencia, hay un compromiso expreso —incluso socialmente reconocido—, sólo que cada miembro de la pareja vive en su propia casa. Así como nuestra sociedad ha separado matrimonio de reproducción, esta opción separa la pareja de la domesticidad.

Además de aquellos que se ven imposibilitados de compartir un espacio común (porque trabajan en diferentes ciudades o no quieren compartir un espacio cuando hay hijos pequeños) están las relaciones que han decidido, sin ninguna restricción de por medio, no compartir un hogar. Para ellos una relación LAT ofrece conexión e intimidad con la suficiente libertad para evitar el desgaste derivado de la convivencia 24/7. De hecho, de esto se trata este tipo de acuerdo amoroso: de libertad, término que no muy a menudo se asocia con la idea de compromiso.

Ahora bien, parecería que son los jóvenes los que más se atreven a experimentar con nuevas formas de convivencia. Sin embargo, es muy frecuente encontrar parejas mayores, claramente arriba de los 40 años, en esta situación. Se trata de individuos que, por lo general, han tenido matrimonios y divorcios y han decidido que el esquema tradicional no es para ellos. Piensan que no por amar a alguien es necesaria la convivencia todo el día, todos los días. Además, la vida doméstica, el compartir casa, comida y sustento viene frecuentemente emparejada con los roles tradicionales de género y éstos no siempre son atractivos ni mucho menos aspiracionales.

Sobre todo en el caso de las mujeres, la vida en el marco de la pareja tradicional se presenta en ocasiones como un obstáculo para el éxito. Cuanta más autonomía adquiera una mujer más difícil le resultará volver a hacer vida de pareja después de un divorcio. Habrá aprendido a administrar su tiempo, su dinero, sus pasatiempos, sus amistades, y le costará mucho trabajo soportar el menor control. Así, rechazar la vida cotidiana con un hombre no parece ser una decisión difícil.

De hecho, como menciona Marie-France Hirigoyen en su libro *Las nuevas soledades*, el reparto de las tareas en la pareja moderna ha evolucionado poco en relación con el que se daba 30 años antes: de una media de 33 horas por semana dedicadas a la limpieza del hogar, las compras, el cuidado de la ropa y las atenciones a los hijos, las mujeres en parejas modernas ocupan sólo 16 horas (*vs.* seis de los hombres únicamente).

Pero las mujeres que eligen vivir solas todavía siguen presentando una imagen inquietante para quienes se han mantenido en la pareja tradicional. Se les culpabiliza, se cree que tienen un problema, hay un señalamiento hacia ellas. En el fondo, los LAT se basan en la creencia de que no todos estamos hechos para vivir en pareja —al menos no de manera permanente bajo el mismo techo— y que esto no implica, de ninguna manera, miedo al compromiso o rechazo a estar en una relación. Se trata simplemente de no querer estar en el tipo de relación tradicional en la cual la cohabitación es una condición *sine qua non*.

Además, la independencia que permite resulta vital para el libre desarrollo de la identidad personal. Poder realizar las actividades favoritas (dentro y fuera de casa) sin estar pendiente del otro, de sus opiniones sobre los hábitos de quedarse en pijama el fin de semana, de pasar horas jugando en la computadora o, simplemente, de poder pintar o escribir sin alguien que distraiga, en realidad suena atractivo.

Ahora bien, hay una gran diversidad de acuerdos LAT. Hay quienes viven separados sólo unos días a la semana, otros algunos meses y unos más de manera permanente. Pero en general, los estudios sobre este tipo de relaciones confirman su éxito como nuevo modelo de acuerdo amoroso. Esto seguro se debe al nivel de satisfacción de quienes han decidido su propio camino, pero también al compromiso y la confianza necesarios para hacer que una relación a distancia funcione.

Como en las relaciones abiertas, una relación LAT obliga a cada miembro de la pareja a reconocer y lidiar con sus propias inseguridades, y este ejercicio de introspección permite un gran autoconocimiento que ayuda a la relación. Demanda también una importante autonomía emocional, así como un buen manejo de la incertidumbre y los celos. Respecto a éstos últimos, es importante señalar lo que comenta Giulia Sissa en su libro *Jealousy. A Forbidden Passion*: no hacen más que revelar la naturaleza intensa del amor erótico, el deseo de ser deseado. Por tanto, no habría razón para avergonzarse de este sentimiento. Por el contrario, es importante asumirlo como la demanda fundamental de reciprocidad en el amor —y ser LAT no exime de ellos—.

Monogamish, *relaciones abiertas y poliamor*

Pensemos en dos matrimonios, Alfredo y Victoria, Gustavo y Alejandra. En los dos, uno o ambos consortes tienen una relación extramatrimonial. Es decir, salen —y seguramente tienen relaciones sexuales— con alguien más además de su pareja (asumiendo que todavía tienen sexo con ella). En el caso de Alfredo y Victoria, se trata de una relación que no afecta la dinámica diaria, que no implica pleitos ni ningún tipo de discusión. Ideal, ¿no? Sólo que tiene un costo relativamente alto: la relación externa se da sin el consentimiento, incluso el conocimiento, de la pareja. Victoria no sabe

—o pretende no saber— que su esposo lleva unos meses saliendo con su asistente, mientras que Alfredo se esfuerza por ocultarlo. Entre Gustavo y Alejandra sí ha habido discusiones importantes, gritos, llantos y alguna que otra ofensa. Es más, ambos todavía no se sienten totalmente a gusto con los acuerdos que han logrado, pero siguen trabajando en éstos.

Ambas historias son ejemplos de poliamor, relaciones amorosas-sexuales con más de un individuo. Y éstas son mucho más frecuentes de lo que uno podría pensar, sólo que, en la mayoría de los casos, se dan como una infidelidad más, una "cana al aire" que, se espera, no sea del dominio público y, mucho menos, del conocimiento de la pareja. Ahora bien, hay una manera ética de ser poliamoroso y es trabajar en acuerdos sobre las necesidades de cada miembro de la pareja y las mejores maneras de solucionarlas.

El punto de partida es, claramente, el reconocimiento a la posibilidad de querer más, de reconocer que nuestra otra mitad en realidad no nos complementa del todo y que hay otras partes que nos hacen falta. Que nuestra naturaleza misma nos empuja siempre a una insatisfacción constante y que toda relación es insuficiente. Pero esta ruptura garrafal con la promesa matrimonial es sólo aparente porque uno prometió amar y respetar al otro por el resto de la vida y, de hecho, eso es lo que se busca cuando se abre una relación: mantener al ser amado.

Querer/necesitar más no implica que se dejó de valorar a la pareja o que ya no se desea compartir la vida con ella. De hecho, dice Tristan Taormino, educadora sexual, columnista y autora del libro *Opening up*, que la única manera en que una relación abierta funciona es cuando la relación base ("primaria", dicen algunos) es buena. Sí, es sólo cuando una pareja está bien, cuando sus miembros se gustan y disfrutan su compañía que se puede decidir incluir a alguien más; por más paradójico que parezca.

En 2007, el sitio Oprah.com realizó un sondeo (unas 14 000 personas respondieron) y 21% dijo que estaba en un matrimonio abierto. Pero no es fácil saber a qué se referían estos entrevistados, porque en esto de los matrimonios abiertos hay todo un rango de opciones, e incluso variantes bastante "mesuradas", como el ser *monogamish* —que en español se traduciría como monoga-muelo—. En la medida en que la terminación *ish* refiere a algo aproximado, a un más o menos, dice el diccionario—, este término implicaría que se es casi monógamo. En estricto sentido, este concepto, acuñado por el columnista Dan Savage en 2011, refiere a la dupla cuyos acuerdos permiten algún grado de conexión sexual con parejas externas.

Este pacto entre los dos miembros de una pareja establece que su vínculo tiene primacía por encima de cualquier conexión externa que alguno de ellos pueda tener. Es decir, algún tipo de ligue ocasional es aceptable e incluso, tal vez, deseable, para mantener la pasión en casa. Los acuerdos pueden ser desde noches de pases libres o encuentros ocasionales. En todo caso, el punto de partida de todos los acuerdos poliamorosos no es sólo el cuestionamiento frontal a la monogamia sino la firme creencia de que "ir a dar la vuelta" es bueno para la relación misma: fortalece la identidad individual, reafirma los vínculos entre la pareja y, por qué no, potencia una vida sexual más interesante.

Pero ¿es lo mismo una relación abierta que ser poliamoroso? El eje central del poliamor es el reconocimiento a la variedad de las necesidades y experiencias sexuales, pero no siempre hay acuerdo en qué incluye: si cualquier forma de relación sexual diferente a la monogamia o sólo relaciones amorosas comprometidas de largo plazo. Para los poliamorosos más puristas, el poliamor no incluye a las parejas que establecen los *swingers*, los que tienen encuentros esporádicos, los amigos con derechos u otras formas de intimidad sexual de corto plazo. Éstas son sólo relaciones abiertas.

En todo caso, como dicen Janet W. Hardy y Dossie Easton, autores de *Ethical Slut*, el poliamor es un término que, al menos, no asume la monogamia como la norma. Este es un gran reto frente a la percepción de lo que es o no normal, de lo que es o no correcto o socialmente válido ya que pide dejar de lado las preconcepciones sobre lo que la gente "decente" hace. De hecho, con frecuencia no se trata de liberales extremos que deciden, desde el principio de su relación, entrar al mundo del poliamor. En muchas ocasiones, es a partir del descubrimiento de una infidelidad por parte de uno de los miembros de la pareja que se toma esta decisión.

Aun cuando en muchas ocasiones este hallazgo termina en la disolución matrimonial al ser percibido como un claro incumplimiento de las promesas realizadas, en algunos casos existe la toma de conciencia de que hay más opciones, de que la ruptura permanente no es la única salida viable, ni deseable. De esta manera, al reconocer que la fidelidad emocional es diferente a la exclusividad sexual, se evita repetir la forma de relación abierta más frecuente: la no consensuada. Como dice la psicoterapeuta y autora Esther Perel en su libro *The State of Affairs*, es en ese momento en que se ha terminado el primer matrimonio cuando hay que decidir si se quiere un segundo con la misma persona. El punto de partida es aceptar que, a pesar del engaño, se desea mantener la relación. Así que, como dice Tristan Taormino, la pregunta inicial es: "¿Qué podemos hacer para lograr que esto funcione?".

Lo primero y más importante es abrir los canales de comunicación. Valores como autenticidad (con uno mismo) y honestidad (con el otro) devienen claves en establecer un diálogo franco y abierto. Pero además es importante reconocer que estas decisiones generan miedo, y mucho, y que no ofrecen garantía alguna de éxito (término que, por cierto, tiene connotaciones bastante vagas en este contexto). La sensación de no ser suficiente o de perder al otro está claramente presente pero, en todo caso, siempre lo está. El no abrir una relación tampoco la blinda contra insatisfacciones ni encuentros con terceros potencialmente atractivos. Pero también se trata de miedo a nosotros mismos: confrontar nuestros demonios internos nos enfrenta a nuestro verdadero yo, a lo que en realidad somos y no a la imagen idealizada que decidimos mostrar y mostrarnos. Y está además el miedo a nuestros propios deseos sexuales, a tener intereses y necesidades más allá de "los normales", de entrar a un mundo erótico de fantasías y nuevos apetitos.

Rosaura tiene —finalmente— la certeza de que no es monógama. Si bien puede hacer acuerdos monogámicos, y los ha hecho, le tomó mucho tiempo no sentirse mal con ella misma por estar felizmente casada, tener una hermosa familia con dos gemelitos que tardó mucho tiempo en concebir y, aun así, sentirse agitada por el deseo que sentía por ciertos hombres que le resultaban fascinantes, intelectual y eróticamente estimulantes.

Así, fue a terapia para poder explicarse esta ambivalencia y lidiar con su frecuente lucha interna para refrenar su atracción. La terapeuta insistía en que seguramente su matrimonio no marchaba bien y que por eso buscaba algo fuera de la relación. Por tanto, Rosaura promovió cursos de pareja, noches de pasión y diálogos íntimos con Rubén para ver si contenía esos "impulsos desviados". Él le seguía el paso gustoso y disfrutaban el uno del otro, pero tras unos meses de estos encuentros, Rosaura no podía detener su curiosidad por explorar otros territorios.

Temiendo cambiar unilateralmente un acuerdo implícito decidió abrir el tema con Rubén, quien en un primer momento se perturbó y en un segundo tiempo se cuestionó. Había tenido un par de aventuras de las que Rosaura nunca supo y una que otra cana al aire. Pero incluso cuando compartía y entendía la necesidad de variedad sexual, no pudo más que sorprenderse cuando ella se lo planteó. Para él este asunto era cosa de hombres.

Así fue que, tras largas conversaciones, consultas con especialistas y lecturas sobre el tema, decidieron iniciar algunas exploraciones conjuntas que les dieran seguridad y les permitieran compartir un espacio de experimentación sexual común. Pasado el tiempo se permitieron conductas extraconyugales bajo ciertos parámetros y con acuerdos de cuidado común. Así es que Rosaura conoció a Camilo, una noche de copas que terminó en un enamoramiento mutuo.

Sin embargo, esta situación no limitó el deseo de Rosaura por otros hombres con quien esporádicamente tenía algún encuentro de ocasión. Además, aun cuando Camilo y ella batallaban lidiando con su atracción y gusto por estar el uno con el otro, ambos tenían claro que no iban a dejar su relación primaria y que lo que sentían era producto de la novedad, la imposibilidad y cierta ocultación. Rubén intuía algo pero no preguntó y Rosaura nunca dijo nada. Ella estaba clara del valor del proyecto de vida familiar y del profundo amor que le tenía a Rubén, así que nunca se marchó.

Ahora bien, ¿qué compartir además de la cama? ¿Afectos, tiempo, salidas, *hobbies*? En este tema cada pareja define sus propias reglas. En el libro *The New I Do*, Susan Pease y Vicki Larson establecen que cada pareja tiene un objetivo, un propósito. En lugar de esperar que una única persona satisfaga todas las necesidades, se aclara la intención y el satisfactor a alcanzar en cada pareja. En este sentido, habrá quien se junta por compañía, otros para ejercer la paternidad/maternidad, unos más buscan seguridad (emocional, financiera, etcétera) y la lista sigue. Por tanto, será la meta y el tipo de relación que se busque con la pareja lo que determine el tipo de acuerdo a negociar.

Un aspecto clave a tomar en cuenta del discurso poliamoroso es la firme creencia en que no hay cantidades limitadas de amor, sexo, amistad, etcétera. Es decir, no por estar involucrado sentimentalmente con más de una persona significa que a cada uno le tocará una parte más pequeña que si fuera la única pareja. Por el contrario, los defensores del poliamor afirman que el amor genera más amor y el buen sexo, mejores prácticas para todos. Rechazan rotundamente la creencia monogámica de que si uno está en realidad enamorado, en automático pierde el interés amoroso, erótico o sexual en cualquier otra persona. Se resisten a creer que el amor funciona como cualquier otro producto de consumo donde cuando a un sector le toca más, forzosamente otro se ve limitado en su acceso y disfrute.

Es más, el discurso poliamoroso hace un uso extenso del término *compersión* para referir a la satisfacción que genera ver a la pareja disfrutando plenamente de su sexualidad con otra persona. ¿Raro? No tanto. Esta idea, que refiere a la posibilidad de sentir felicidad e incluso deleite cuando otro individuo los experimenta, ya es frecuente en la relación de padres e hijos e incluso entre los miembros de una pareja. Los logros y éxitos del otro nos hacen feliz; verlos reír y pasarla bien nos da alegría así que, ¿por qué no ampliar el rango de experiencias del otro que nos provocan placer? De esta manera, saber que el otro va a disfrutar, incluso sexualmente, debería de provocar dicha. En este sentido, la compersión es lo opuesto a los celos: el otro y su felicidad generan felicidad.

El punto central de todo tipo de relación abierta es la toma de decisiones de una manera ética y responsable. Esto implica acuerdos que garanticen la salud física y emocional de todos los involucrados. Desde aquellos relacionados con el tipo y condiciones de las prácticas sexuales hasta los que especifican el tipo de vínculo e involucramiento deseado. Pero como no hay nada escrito, estos acuerdos a menudo sufren renegociaciones; ir contra la corriente y desarrollar el propio camino toma tiempo y demanda paciencia.

Rafael Manrique en su libro *Conyugal y extraconyugal* afirma que un acuerdo así sólo podrá ser eficaz si incluye las siguientes condiciones:

- Conocimiento de sí mismo y de la pareja.
- Negociación antes de llevar a cabo cualquier acción. Acordarlo después de actuarlo sería más bien una imposición o una aceptación de algo que no tiene remedio, además del daño innecesario generado por la traición. Se requiere un acuerdo previo fuerte y claro.
- No pretender que la apertura de la relación sea la solución a problemas importantes de la pareja. De hecho, si la pareja está llena de conflictos irresueltos el pacto se hace prácticamente inviable.
- El "tercero" también deberá de estar a salvo del uso y abuso de la pareja.
- Ambos miembros de la pareja tienen el derecho de experimentar. El acuerdo no queda acotado a uno de los miembros (por lo general el que tiene más poder y privilegios —en las sociedades patriarcales, los hombres—).
- Ambos tienen derecho a conocer lo fundamental de las relaciones del otro, sin exceso de detalles en tiempo y forma, y siempre que esto lo acuerden mutuamente.
- Las reglas a las que ambos se atienen deben de ser concretas, funcionales, claras y precisas. Se debe dejar bien delimitado qué está permitido y qué no.

- Cada tanto ha de revisarse el acuerdo, cuestionar los efectos, adaptarse a los cambios que se den en la vida de la pareja y a la transformación de las circunstancias de la vida en común. Esto implica desde renovar el acuerdo, ponerlo en *stand by*, hasta descartarlo.

Así, una vez asumidos los riesgos que implica, el tercero no debería representar una amenaza a la intimidad de la pareja.

Por otro lado, es importante señalar que aun cuando en esto de los acuerdos no hay nada escrito, sí hay rubros específicos que requieren negociación. Por un lado, está uno de los más evidentes: la discusión sobre lo que está o no permitido en la interacción sexual con un tercero (o cuarto o quinto).

En esta materia, es importante discutir temas tan básicos como aquellas reglas que garantizan la salud de todos los involucrados (uso del condón, realización de exámenes con cierta regularidad) hasta las prácticas sexuales avaladas. Éstas incluyen, por supuesto, la posibilidad de negar el acceso a espacios físicos de la pareja (la cama, la habitación, la casa que se comparte) como a su espacio de socialización (los amigos en común, los vecinos, los conocidos, la ciudad donde viven). También están aquellas actividades que se deciden reservar exclusivamente para la pareja (cierto tipo de penetración, fetiches o el empleo de algunos juguetes, por ejemplo). Pero el acuerdo más complejo de todos es aquel que contempla el grado de involucramiento permitido con actores fuera de la pareja. ¿Se vale enamorarse? ¿Es válido establecer una relación amorosa en paralelo?

Claramente, hablar y negociar estos asuntos no implica que se pueda tener control sobre el tipo de vínculos que se establecerán con los nuevos integrantes ni garantiza un cabal cumplimiento de las reglas. Se trata, principalmente, de la posibilidad de tener canales de comunicación abiertos sobre los temas más variados y complejos y de saber que, como pareja, es posible y deseable hablar de los retos que la decisión de abrir la relación trae consigo. Pero recordemos que nada garantiza que la relación primaria sobrevivirá los embates propios del agotamiento y la cotidianeidad de ser pareja, ni siquiera la monogamia. Además, lo más importante —y en esto coinciden prácticamente todos los autores que estudian este tema— es que, en los acuerdos, importan más los cómo y no los qué. Es decir, pensar en el otro, buscar su bienestar es la única manera de lograr buenos acuerdos.

Una forma eficiente de ser cauto ante los riesgos, más que evitándolos, es hablar de ellos. Esto no significa contar todo, lo cual ni se necesita ni sirve, pero sí comunicar los efectos, los sentimientos, las ideas y especulaciones que generan, reforzando así el compromiso con la pareja. Esta apertura genera cierta confianza, cierta tranquilidad, y abre la puerta a nuevos diálogos y negociaciones; permite decir: "Esas acciones, las que sean, no pertenecen a nuestro mundo común, pero tampoco alteran lo único, lo fuerte y lo mutuo de nuestra relación". Una postura así produce cierta liberación.

Una de las recomendaciones más importantes para la negociación es el aprendizaje de técnicas de comunicación adecuadas. Como menciona Marshall Rosenberg en su libro *Comunicación no violenta*, no sabemos discutir y mucho menos negociar. Estamos condicionados culturalmente a competir, juzgar, demandar y diagnosticar lo que está bien o mal. Por tanto, nos comunicamos bajo un esquema de lo correcto y lo incorrecto, calificando como adecuado o inadecuado todo aquello que escuchamos. Además, tendemos a expresar nuestros sentimientos en términos de lo que la otra persona nos hizo en lugar de expresar nuestros sentimientos con independencia del otro. Frases como "tú me lastimaste", "me hiciste enojar" o cualquier otra que responsabiliza al otro de

NAVEGANDO LA INCERTIDUMBRE AMOROSA

cómo nos sentimos no hacen más que reducir las posibilidades de diálogo y, por supuesto, de lograr acuerdos.

Es necesario que cada individuo identifique sus necesidades y las de los demás, así como aquellos sentimientos que las rodean. De esta manera, en lugar de pedir lo que se necesita exigiendo, con amenazas o falsas promesas, hay que centrarse en lograr una comunicación armónica. Para ello, Rosenberg se enfoca sobre todo en la empatía —la capacidad de percibir, compartir y comprender tanto al otro como a nosotros mismos— y en la expresión honesta de nuestros sentimientos. Esta disposición abierta y no prejuiciada permitirá negociar y lograr acuerdos que den respuesta y atiendan las necesidades de cada uno de los involucrados.

El resultado de estos acuerdos es con frecuencia una "constelación de relaciones", término que sirve para definir el conjunto de conexiones entre un colectivo. Algunos establecerán relaciones más centrales, mientras que otros estarán más en la periferia y sólo vinculados al resto por una o dos personas (aunque a su vez pueden ser el enlace medular de su propia constelación).

El punto central es reconocer que todos los actores relacionados de alguna manera son parte de una misma comunidad y, como tal, deben ser considerados y respetados. Existe incluso un concepto para denominar la relación que se establece entre los terceros involucrados: *metamour*. En estricto sentido, se refiere a la persona que se encuentra en una relación íntima con nuestro compañero íntimo. El que no exista una relación sexual o amorosa con este individuo no implica que no exista un vínculo con éste/ésta. En la medida en que un miembro de la pareja es feliz en su compañía se debería, al menos, tener aprecio por él/ella.

Ahora bien, pensar que estos acuerdos son novedosos, que reflejan el resquebrajamiento de la moral y las "buenas costumbres de nuestros días" es una falacia. Además de los colectivos que aparecen en tratados etnográficos sobre pueblos polígamos o poliandros de islas remotas y lugares exóticos, han existido comunidades poliamorosas formalmente establecidas desde hace más de 100 años. Es decir, no sólo individuos aislados han logrado establecer relaciones abiertas exitosas (sólo pensemos en artistas, escritores y pintores de principios del siglo pasado en París o Londres), sino colectivos completos que han intentado desarrollar de manera formal este estilo de relacionarse. La comunidad Oneida en el siglo XIX o los movimientos Rajneeshpuram o Kerista más recientes son ejemplos de estructuras sociales que han partido de la premisa de la no monogamia como relación amorosa-sexual básica.

Es innegable que todo esquema de relación abierta genera un juicio social, una mirada reprobatoria a la disidencia, al cuestionamiento de los patrones "normales" y aceptados. Indiscutiblemente, ir contra la corriente conlleva toda una serie de implicaciones que deben ser contempladas. Y aun cuando la reacción social puede no ser de interés personal, el impacto en los terceros cercanos sí es un asunto delicado. ¿Cómo explicar a los hijos, hermanos o padres que se tiene más de una relación? ¿Cómo afectan los acuerdos amorosos en términos formales cuando se trata de pleitos legales o prestaciones laborales? ¿Cómo organizar las finanzas cuando la estructura poliamorosa se concreta? Retos complejos que deberán asumirse pero, mientras tanto, la única pregunta que nos debemos hacer es: ¿qué queremos y qué necesitamos en nuestra vida erótico-amorosa? Una vez abierta, la caja de Pandora traerá las siguientes preguntas a responder.

Swingers, *tríos y parejas virtuales*

Los *swingers* son otra posibilidad de prácticas sexuales transgresoras entre las parejas —abiertas o cerradas—. Esta modalidad surge en los años sesenta y consiste en el intercambio de pareja, por lo general en un entorno heterosexual. En ocasiones, los cuatro integrantes pueden participar en una relación grupal, pero regularmente se da por separado y por una noche. La leyenda urbana sitúa su aparición entre miembros del ejército estadounidense, quienes, al pasar largos periodos fuera de su hogar, consentían que sus compañeros y mejores amigos hicieran visitas de carácter sexual a sus esposas. Sea cual sea su origen, este intercambio sexual consensuado se basa en la creencia de que no existe la propiedad privada de la pareja, es decir, no se es dueño del cuerpo del otro.

Como toda relación erótico-afectiva, quienes practican el sexo *swinger* también tienen acuerdos, y uno de los más generalizados es que los encuentros se limitan a los intercambios consensuados de común acuerdo por los cuatro participantes, no se permiten relaciones sexuales fuera de los integrantes de las dos parejas, ni en espacios desconocidos para la pareja principal. La intención o no de volverse a contactar o limitarse a una experiencia de una sola noche dependerá de las preferencias y hábitos de cada pareja. En la actualidad, existen espacios más comunitarios donde se practica el sexo *swinger* (bares, hoteles, discotecas) con prescripciones y prohibiciones que se suman a lo que la pareja base acuerde en su propia intimidad.

Algunas parejas abiertas, o también parejas cerradas, incluyen a terceras personas en sus prácticas sexuales. Estos son los famosos tríos, que pueden devenir en cuartetos o en relaciones grupales. Una de las prescripciones más comunes de este tipo de intercambios es que ambos cónyuges participen de los encuentros sexuales al mismo tiempo y detengan la práctica cuando alguno de los dos se sienta incómodo o amenazado. Hay parejas que permiten todo tipo de conductas en estos encuentros, mientras que otras ponen normas particulares del tipo: "terminas conmigo", es decir, el orgasmo, la eyaculación, ha de ser con la pareja primaria. Y como estas especificaciones, muchas más: la penetración es exclusiva de la pareja, el tercero o terceros son sólo *voyeristas*, o bien, todo se vale pero sólo con mujeres o sólo con hombres (con frecuencia, en las parejas heterosexuales que integran a otra persona, son las mujeres las que aceptan la presencia de otra mujer y los hombres tienen más dificultad para integrar a otro varón).

Es común que este tipo de acuerdo inicie por la petición particular de alguno de los integrantes de la pareja; rara vez ambos miembros llegan al mismo tiempo a la conclusión de que requieren abrirse o innovar. Aun así, y con el manejo adecuado, se puede consensuar la importancia, gusto, o necesidad de ampliarse en el terreno erótico y buscar formas de renovar la pareja y así mantener y diversificar el placer.

Quizá menos común, pero todavía existentes, los matrimonios colectivos son un conjunto de parejas o grupos que viven juntos compartiendo un hogar o bien en comunidades con alguna ideología contracultural particular —filosófica o religiosa— que los une y con libertad de tener relaciones sexuales con cualquier miembro del grupo. Algunos matrimonios colectivos pueden ser —más allá de las creencias compartidas— un grupo pequeño de personas con intención de probar esta experiencia y expandir su relación de pareja. En esta modalidad, la posibilidad de establecer lazos afectivos está dada, y también la puntualización de generar acuerdos, compromisos, deberes y obligaciones como en cualquier grupo humano.

Finalmente, es importante destacar el impacto de las nuevas tecnologías no sólo en la formación de parejas sino en su existencia misma. La posibilidad de relaciones sexuales sin "meter" el cuerpo son ya una realidad. La virtualidad nos saca del mundo de la fantasía al saber que hay alguien del otro lado de la pantalla y nos hace cuestionar las posibilidades de los alcances humanos en términos de vínculos y relaciones. Estos nuevos intercambios nos permiten tener cibersexo y otro tipo de intercambios en la red como parte de los acuerdos conyugales que liberen la tensión de una pareja cerrada. De hecho, las prácticas sexuales con la pareja estable pueden ser la recreación de fantasías o vivencias virtuales que aporten variedad y emancipación ante la necesidad de nuevas experiencias.

Ni los modelos aquí planteados son todos los nuevos esquemas amorosos, ni todo el mundo en búsqueda de apertura amorosa se acomoda en ellos. De lo que sí dan cuenta cada uno de ellos es de las muchas personas que están buscando ser innovadoras en términos de relaciones humanas. El deseo de muchas de ellas de expandir sus límites sexuales sin incurrir en infidelidades los impulsa a experimentar con formas divergentes que les permitan crear vínculos duraderos. Sin embargo, no existen propuestas alternativas a la pareja monógama tradicional aceptadas aún por nuestra sociedad; pero, seguramente, estas opciones a las relaciones conservadoras —con toda la carga moral que puedan tener— son quizá más deseadas y practicadas de lo que se piensa, es sólo que al ir contra corriente (y etiquetadas con frecuencia de "desviadas") se mantienen como algo privado.

Por ello es importante hacer hincapié en que, la mayoría de las veces, estos nuevos modelos relacionales son un intento de conservar un amor estable al tiempo que honran las necesidades particulares de las personas y las parejas: a veces se manifiestan en espacios compartidos con el cónyuge, a veces como paréntesis eróticos y emocionales de los que no participan ambos.

En este sentido, estas nuevas geografías amorosas desafían a la pareja tradicional, pero en el fondo buscan transformarla para fortalecer los buenos amores. Paradójico, sí, pero nadie dijo que el territorio del amor comprometido es siempre lineal, simple y coherente. Por el contrario, las transgresiones de estas propuestas incluyen emoción, riesgo, fantasía, desinhibición, seducción, conductas todas que complejizan las relaciones poniendo en juego más potencialidades humanas y, por tanto, aumentando la experiencia, el deseo y la libertad de quienes las practican.

Todo este planteamiento nos obliga a poner sobre la mesa otra complejidad de los nuevos modelos amorosos: la experiencia de soledad y, por consiguiente, el desafío de aprender a alternar periodos de soltería con periodos de emparejamiento. Pareciera que hoy, más que nunca, hemos de aprender a vivir tanto solos como acompañados. Si bien entre todos los estilos de vida, el matrimonio —sobre todo el heterosexual y con hijos— sigue siendo la medalla de oro en los discursos dominantes que lo ven como la norma para la vida de pareja, el incremento de la soledad también constituye, junto con la transformación de la geografía amorosa, un fenómeno social que se desarrolla en todos los países del planeta.

Y sí, la soledad a veces puede ser penosa y desesperada, pero ¿no puede serlo también una relación amorosa que no se ajusta a lo que sus integrantes desean? Es importante aprender a vivir en común, pero para los habitantes del siglo XXI es casi una tarea impostergable aprender a vivir solos también. La vida en soltería, además de ser hoy posible y factible debido a la transformación social y económica de nuestro tiempo, es deseable. Aporta momentos agradables de los que se puede extraer energía, autoconocimiento, madurez, autonomía e inspiración.

Este libro se centra en abordar el tema de la incertidumbre amorosa en cuanto que la vida en pareja ocupa un lugar enriquecedor en la vida de las personas. El problema es que el mito del matrimonio con su estatus de privilegio está siempre cargado de forma exagerada de las experiencias mágicas y positivas del amor conyugal. Por eso insistimos en que la soledad no es sinónimo de fracaso social y menos de aislamiento. Además, el sentimiento de soledad es una noción subjetiva, una experiencia, la interpretación de una situación, a veces vivida desde la crítica o la exclusión, pero rechazarlo no implica la necesidad frenética de la presencia del otro ante la frustración de no estar acompañado.

Si bien el aislamiento implica la falta de vínculos y la no comunicación con el entorno, la soledad siempre puede permitirnos acompañarnos de nosotros mismos, crecer la vida interior y expandir el mundo de nuestros deseos, intereses y valores. Al igual que el matrimonio y los otros modelos amorosos comentados, la soltería —con o sin acuerdos relacionales— es una decisión más de vida entre otras. No nos hace mejores ni peores personas y sólo refleja un tipo de modo de vida particular, en una etapa de vida específica. Vista así, la soltería es, en muchos sentidos, una forma de relacionarse con el mundo que permite desafíos diferentes, proyectos creativos y, sin duda, mayores libertades.

Pero todo lo que aporta más libertad también integra nuevos desafíos: la soltería, al igual que los nuevos amores, afrontará también el rechazo social. La vida para quienes los elijan será más compleja y exigente, pero también abrirá la posibilidad de generar una mayor fortaleza personal y formas de encuentro creativas y enriquecedoras.

Capítulo 4

¿QUÉ SOMOS? ¿QUÉ QUEREMOS? ¿CÓMO LIDIAR CON LA ANSIEDAD?

El malestar amoroso

Si bien en la actualidad establecemos vínculos a partir del deseo, la atracción y la compatibilidad de intereses, las relaciones parecen durar menos y las rupturas amorosas son cada vez más comunes. La elección moderna de la pareja se ha vuelto un proceso difícil y con rutas inciertas. Los nuevos tipos de relaciones de pareja hablan de un replanteamiento del concepto de amor; particularmente, del amor de pareja. Las reglas siguen flexibilizándose y el amor romántico continúa perdiendo terreno. ¿Nos llevará esto a un mayor bienestar? Es una pregunta para la que aún no hay respuesta.

Pero además, los nuevos tipos de relaciones lanzan una pregunta al aire: ¿son éstas nuevas formas de amor o solamente artimañas para tener sexo con otras personas? El apego y el desapego en los diversos vínculos humanos, el deseo galopante con su fluctuación a lo largo de la vida, el eterno debate sobre si la monogamia es natural o es más bien una construcción cultural en el ser humano, la legitimidad de la libertad de exploración y la diversidad de experiencias, así como el derecho al placer y a la felicidad, parecen no clarificar si se llegará a un puerto seguro.

Por ello, y para poner fin a una posible imposición cultural, muchas personas intentan crear diferentes tipos de relación. Pero, de nuevo, ¿es amor realmente?, ¿es un erotismo con afecto?, ¿o es sólo sexo? Para contestar, hemos de iniciar por definir lo que es amor. Seguramente si saliéramos a la calle a preguntar, cada persona nos daría una definición diferente de lo que le representa amar a alguien, y ésta dependería de sus sueños, de sus aprendizajes tempranos, de sus experiencias vividas, de sus necesidades y, claro, de su contexto social.

Lo que queda claro es que hoy existen nuevos modelos amorosos que sin duda representan retos desconocidos con estrategias y comportamientos todavía por depurar. Pero por ser nuevos, ¿hemos de negar su existencia o asumirlos como algo pasajero? Esta postura sería negar un momento histórico y, por tanto, un intento por minimizarlos y degradarlos, más aún, por desaparecerlos. Todas estas opciones serían un error no menor.

Ocurre que estamos aún mareados por la velocidad de la transformación y no sabemos cómo adaptarnos a ella. Las definiciones sobre el amor y las relaciones son más sencillas que las vivencias personales y, particularmente, que las nuevas geografías amorosas que se develan cautelosas, escondidas, inciertas y desconcertantes. De ahí tantos intentos fallidos por construir un amor con materiales (e ideales) que hoy son obsoletos, no responden al cambio de época y, por ello, hacen imposible encontrar —y luego sostener— una relación. Valdría la pena dejar de manifiesto que "lo que un día fue no —o difícilmente— será", que las relaciones amorosas no responden más a ideas sobre la sexualidad, el erotismo y el amor que aún circulan a diestra y siniestra y que esta transición lleva a muchas personas a vivirse como fracasadas por adaptarse a un esquema de vida anterior.

Si a esto sumamos la alta expectativa de felicidad, la poca tolerancia a la frustración y la construcción de la identidad depositada en la vida amorosa —de elegir y ser elegido, de atraer y ser atraído, de amar y ser amado—, la búsqueda frenética y alta valoración de vivir en pareja se convierte en el nudo mismo del problema amoroso.

Además, el debilitamiento de los estereotipos sexuales, la transición de los roles de género, el resquebrajamiento del matrimonio y la familia tradicional como modos de vida de pareja y de vida familiar son cambios que han dejado a las personas del siglo XXI en una especie de limbo y malestar amoroso: los intentos, tanto por repetir como por desafiar patrones ancestrales, son frágiles e inciertos y generan ambivalencia y decepción.

Un considerable nivel de estrés, depresión y angustia abraza nuestro tiempo por cumplir o no cumplir con lo que se espera de nosotros a cierta edad (en particular a ciertas generaciones —que podríamos llamar de transición—, que crecieron sumergidas en los antiguos paradigmas y vivieron el proceso de su fractura). El éxito, la independencia, la madurez y la autonomía siguen presentándose ante los individuos como una especie de lista de obligaciones y esta lista busca perseguir a las personas desde su juventud hasta su madurez, mucho más cuando se ha llegado a esa madurez en estado de soledad o de relación endeble. El éxito amoroso, bajo esquemas tradicionales, se puede agregar a la lista de los "deberes" del adulto autorrealizado.

Por tanto, uno de los retos más inmediatos para conquistar una seguridad personal y una satisfacción suficiente es despegarnos de los paradigmas añejos que nos impelen a entender y vivir de determinada manera la sexualidad, el erotismo, la vida amorosa y las relaciones de pareja. Estos modelos a seguir se conforman por un conjunto de creencias, ideas, actitudes y emociones que vamos incorporando como propias, verdaderas y únicas en el transcurso de nuestra vida. Estos paradigmas nos condicionan a actuar dentro de ciertos límites en distintas áreas de nuestro vivir: trabajo, amistades, relaciones, familia, etcétera, y nos catalogan, dependiendo de si encajamos o no, como adecuados o inadecuados, correctos o incorrectos, sanos o enfermos, seguros o inseguros.

La lectura de este libro es una invitación a revisar los mitos represivos que constituyen a nuestra sociedad, así como los mitos expansivos de la revolución sexual, con el fin de generar una reflexión grupal informada y una serie de decisiones individuales comprometidas que favorezcan el bienestar personal —así como la transformación colectiva—. Lo que se gesta en la vida privada tiene un impacto en la vida política: las experiencias que se dan en la subjetividad de la vida personal están conectadas con las grandes estructuras sociales, políticas y económicas y en los cambios de paradigma de cada época.

En la medida en que el paradigma del amor romántico está aún instalado y activo en nuestro corazón y cerebro nos es tan difícil cambiar nuestra forma de pensar y sentir el amor: procesamos de la misma forma —y todos los días— los mismos pensamientos de manera automática, rutinaria e inconsciente. Es decir, pretendemos responder a nuestras necesidades y deseos amorosos de un modo que nos resulta familiar pero que no corresponde más a los nuevos tiempos y, por tanto, a las nuevas geografías amorosas. Y es que los cambios en términos de relaciones no han dejado de ocurrir, aunque intentemos seguir abordándolos con paradigmas que pertenecen a otras épocas históricas y a contextos y circunstancias completamente diferentes a las del siglo XXI.

Romper paradigmas nos implicará modificar la forma en que pensamos el amor, deseamos las relaciones, promovemos los encuentros y proyectamos el futuro amoroso. Sin duda esta transición implica un duelo interno a deseos y sueños que no se han dado —y difícilmente se darán—, pero atravesarla permitirá entender lo que estamos viviendo, flexibilizarnos de manera consciente y responsable, aminorar el riesgo de salir lastimados, frustrados y decepcionados, y lograr así construir mejores experiencias e intercambios amorosos.

Este texto explora el territorio sexual y amoroso de nuestros días e invita de forma personal a sus lectores a trabajar en ellos mismos. Proponemos la resiliencia como la mejor herramienta para enfrentar las pérdidas y la ambigüedad que esta transición relacional genera. Asimismo, invitamos a construir proyectos de vida personal que den sentido a la existencia, así como a diversificar los apegos mediante el desarrollo de vínculos sociales estables y duraderos. Todas éstas serán herramientas poderosas para enfrentar de mejor manera la incertidumbre, la fragilidad y la temporalidad de la vida amorosa del siglo XXI y, por qué no, si eso deseamos, sentar las bases para construir un buen amor.

Perdidos en el territorio del amor

Lo primero que habría que decir es que, en la actualidad, el amor ha experimentado renuncias a muchos de los valores y actitudes propias del siglo pasado y que hoy muchos podrían tachar de conservadoras: la fidelidad entendida como exclusividad sexual, la culpa como respuesta a ir en contra del orden social dominante, la abnegación como lucha por sostener lo imposible, la procreación como requisito de "la verdadera pareja", la continencia como ejemplo de templanza y mesura y ni qué decir de la castidad y la virginidad como valores supremos.

Un amor diferente a lo establecido demandaría también vivir el momento presente, pensar en contratos pragmáticos y adecuados a las dos (o más) personas involucradas, practicar el nomadismo y el cambio, y partir de una base de igualdad de vida entre sus miembros. En este sentido, una búsqueda del acompañamiento sólido se sustentaría en una dinámica de juego y placer más que en una ética que busca lo "correcto".

Para ello es necesario cuestionar la cohabitación como tradicionalmente la entendemos —llena de domesticidad y de rutina—, la monogamia acordada implícitamente e incluso la institución matrimonial. Lo perciban o no quienes se adentran en tales experiencias, éstas terminan por asfixiar el deseo, convirtiendo al cuerpo en la herramienta para sacar a flote la convivencia diaria, muy lejos de una vida satisfactoria que, sin negar la responsabilidad y el compromiso, se sostenga en un territorio de placer.

Es importante, además, cambiar nuestra percepción de esta transformación como una falta de valores, de compromiso o de profundidad en la relación de pareja, y asumirla como una definición diferente de la vida entre dos (o tres o cuatro). De este modo, estaríamos construyendo nuevas relaciones amorosas que no se limitarían a reproducir el orden social imperante, sino que se situarían en nuevos territorios donde el placer no esté catalogado como bueno o malo, ni esté reprimido —pero sin alterar la serenidad de la vida—. Un placer que no se atasque en el sentimentalismo, en la fusión o en la totalidad amorosa y que esté a tono con el deseo, con la individualidad imperante, con la aceptación de alguna incertidumbre y también con asumir cierta soledad.

Pero si sí buscamos, de una u otra forma, en uno u otro esquema, una relación amorosa de cierta —o larga— duración, hemos de entender que incluso en un mundo posmoderno donde se relativizan tantas cosas, no se puede prescindir de algunos requerimientos. Rafael Manriquez en su libro *Conyugal y extraconyugal* los esquematiza en la siguiente lista:

- Una madurez suficiente que permita a la pareja gestionar sus deseos.
- Una personalidad no demasiado rígida, abierta a las negociaciones, que facilite la adaptación al cambio.
- Un cierto erotismo que mantenga el intercambio sexual vivo.
- Unas pasiones compartidas para generar espacios de gozo común.
- Una buena comunicación que no sólo facilite el manejo de conflictos y las negociaciones, sino el intercambio de dos subjetividades a través de la palabra.
- Una cierta intimidad que permita develarse al otro con seguridad suficiente para mostrar algunas vulnerabilidades y sueños.
- Una combinación de presencia y ausencia que evite el tedio, dé espacio a la individualidad, cabida a cierto extrañamiento y estimule los encuentros.
- Un compromiso a la medida del intercambio pactado por los amantes —y actualizado cada tanto— para que la relación esté al servicio de los involucrados y no éstos acotados por la relación.

Esta transición pondría fin al rol de las mujeres esposas, madres, sirvientas y amas de casa, y al rol de los hombres esposos, padres, proveedores, protectores y cónyuges; roles rígidos que son los que hasta ahora conocemos. Porque ¿cómo lograr madurez si la identificación con dichos roles nos impide conocernos en nuestra plenitud de ser hombres y mujeres y disfrutarla por el simple hecho de serlo? Y para ello no hay reglas: ni la exclusividad ni la promiscuidad son garantía de nada. Un amor de larga duración, o bien un encuentro fugaz, pueden ser el detonante que dé un giro a nuestra existencia. Y uno y otro, tratándose de un intercambio entre sujetos, no tendrían por qué ser menos comprometidos.

Ahora bien, no estamos proponiendo renunciar a la posibilidad de vivir buenos amores, pero no hay duda de que la vida actual es mucho más compleja y también lo es la forma de relacionarnos. Soltar los paradigmas que nos atan a creencias que ya no aplican generará más entendimiento, menos autorrecriminación y mayores posibilidades de consolidar encuentros erótico-afectivos de valor. También habremos de soltar la idea de que no podremos integrarnos al cambio porque algunos de nosotros somos de determinada manera: las personas siempre "estamos siendo" y, en dicha medida, cambiando con mayor o menor grado de conciencia. Por tanto, la disposición a facilitar o a resistir el constante proceso de construcción personal depende en parte importante de nosotros mismos.

Rolando tiene 28 años. Hace dos años logró independizarse económicamente, salió de casa de sus padres y ahora vive solo en un pequeño departamento que renta en la colonia Nueva Santa María, al norte de la Ciudad de México. Hace siete meses reinició algunos encuentros con Adriana, su exnovia, de quien estuvo enamorado desde la escuela. Estudiaban en el mismo plantel, pero él estaba en secundaria y ella iba en prepa, así que parecía inalcanzable. Sin embargo, nunca se perdieron la pista y, de vez en vez, coincidían en algún evento social sin haberlo planeado.

Fue hace cinco años que Rolando se animó a invitarla a un concierto tras uno de esos encuentros fortuitos y a partir de ahí comenzaron a salir de manera más formal hasta hacerse novios. Rolando no se la creía y su enamoramiento perenne, ahora compartido, lo llevó no sólo a idealizar a Adriana sino a creer que había encontrado, a sus 23 años, el verdadero y único amor.

Así transcurrió el primer año de relación, no sin algunos desencuentros que Rolando decidió minimizar y tolerar para no poner en riesgo el noviazgo; pero, para mediados del segundo año, cuando Adriana ya estaba "bien clavada" también, comenzaron a tener claras diferencias respecto al uso de sus tiempos libres y sus expectativas en torno a su vida sexual. Ella buscaba más espacios compartidos y Rolando, una vida sexual más activa y creativa. Como Rolando decidió no ceder, sintiendo que ya había sido muy complaciente en general, los intentos de acuerdos fallidos y el desgaste mismo de las discusiones los llevó a terminar. Esto impulsó a Adriana, quien había concluido su carrera de medicina, a hacer su residencia médica fuera de la ciudad. Si bien nunca se perdieron del todo la pista, la distancia y la separación fueron rotundas.

Durante el periodo que estuvieron separados se encontraron un par de veces y Rolando descubría que con Adriana había algo que lo hacía sentir en casa, y si bien le gustaba, la quería y por momentos la extrañaba, seguía convencido de que él encontraría algo más acorde a sus deseos de pareja y de vida en común.

Rolando ayer se presentó a terapia diciendo que sin duda lo que tiene con Adriana no es lo que imaginaba en cuanto a realización total y completud amorosa, pero que tras conocer a otras personas cree que lo que han construido es bueno y vale la pena apostar por ello. Se siente acompañado, contenido y dispuesto a vivir más con la realidad de quien es ella que con los sueños que él imagina que encontrará: "Creo que siempre existirá alguna diferencia que me hará pensar que me falta algo. Pero lo que sí me aporta la relación con Adriana lo considero suficientemente bueno como para dar un paso que pensé que no llegaría: estoy planeando irnos a vivir juntos".

Un primer paso es cuestionar —e idealmente desechar— los siguientes mitos sobre el amor:

1) **El amor lo puede todo.** Por tanto, si es verdadero nada debe influir en él, ningún obstáculo, ninguna contingencia. Cuando amas de verdad sorteas todos los problemas, superas todos los desafíos y logras que la relación permanezca, crezca y sea disfrutable. Cuando algo contradice la idea de que el amor siempre vence los retos, se piensa que lo que hubo no fue verdadero amor, porque el amor "lo puede todo".

2) **El amor no se acabará nunca.** Es algo que si bien lo escuchamos en diversos espacios, las personas que se han casado mediante el rito católico lo habrán oído decir de forma particular. Y si por debilidades humanas la unión no va bien, la opción alternativa que se propone es: "Sufre, ya gozarás en la otra vida". No entender que el amor tiene fecha de inicio, y muchas veces también fecha de caducidad, genera patrones de abnegación y entrega que acaban por sostener relaciones poco satisfactorias, o por construir patrones donde alguien que se somete le cobra al otro las conductas de sumisión.

3) **El amor es incondicional.** No hay amor incondicional más que el de la madre a su bebé (y quizá sólo durante los primeros 10 días de nacido, y quizá tampoco siempre). Las personas vivimos de los intercambios —y más en las relaciones amorosas—: "Te doy algo y espero algo de ti". Si bien no vamos, en el mejor de los casos, llevando un registro riguroso de lo que

hemos dado, buscamos en nuestra pareja algo que nos aporte crecimiento, satisfacción, beneficio. Quienes quieren todo por amor, quizás eligen otras vocaciones como irse de misioneros al África o formar una fundación altruista; no se casan o se emparejan sólo para dar sin recibir nada. Hoy más que nunca, con el cambio de época, las mujeres buscamos sumar en nuestra vida amorosa —sexo, diversión, charlas, dinero, amigos, etcétera— y no restar a nuestro mundo de posibilidades.

4) **El amor encuentra a la pareja que tenemos predestinada,** la que encaja con uno y que, por lo tanto, es la única buena elección posible entre muchas. Esta es la idea de la media naranja: y si mi alma gemela vive en Islandia, ¿cuál es la opción? ¿La soltería? ¿El error? ¿Ir a buscarla? Se puede congeniar y construir una buena relación con muchas personas, pero habrá que elegir a una sola, al menos por un tiempo en la vida. Toda elección implica una renuncia de entre muchas posibilidades que pueden ser buenas también. María, por ejemplo, nunca pudo estar bien en su matrimonio —incluso terminó por separarse—, pues estaba convencida de que seguro había alguien mejor para ella. Siempre habrá un otro mejor (y obvio ¡peor también!), pero la idea etérea de que en "algún lado estará esperándome un mejor amor" nos impide entender que los buenos amores se eligen en un principio y se construyen en el diario caminar.

5) **El amor son los cálidos sentimientos que nos produce la pareja.** Al inicio de una relación, la exaltación emocional tiende a ser la constante —y esto conecta con la sensación de que el otro me completa—. A mayor intensidad emocional, mayores nuestras necesidades

"neuróticas" aparentemente satisfechas con el encuentro. Este sentimiento intenso surge del gozo embriagador de sentir que todo lo tendremos con este nuevo amor. Los muchos y atropellados sentimientos positivos —e incluso desmedidos— se relacionan con la idea de haber encontrado a la persona que nos completará en aquello que nos falta. Los sentimientos son gratos y complementan la experiencia amorosa; de hecho, dan razón de la vivencia que se está teniendo, pero el amor es más que eso: es razón y también es voluntad. A veces un buen amor atraviesa por una sequedad emocional y vienen la inteligencia y el aplomo a sostener la crisis de la relación.

6) **El amor debe conducir a la unión estable de la pareja y constituirse en la base del matrimonio.** Según este prejuicio, debe estabilizarse en un contrato institucional y en forma de convivencia domiciliaria. Esta obviedad olvida las múltiples formas de convivencia que van poco a poco abriéndose camino, y que si bien son diferentes, también pueden ser comprometidas. El gran error de muchas mujeres es pensar que si la pareja no quiere casarse, no la quiere a ella, lo cual dista mucho de lo que experimentan muchos hombres comprometidos con su relación. No sólo las mujeres estamos cansadas de los roles ancestrales de género que se acentúan en la vida matrimonial —amas de casa, esposas abnegadas, madres entregadas, parejas sumisas—, los hombres también buscan otras opciones que favorezcan su autonomía, su sensibilidad y su igualdad.

7) **Si no se atraviesa un estado de enamoramiento, no existe verdadero amor.** La razón más aceptada para contraer matrimonio o formar pareja es estar enamorado. El enamoramiento es un estado alterado de conciencia

en el cual no necesariamente amas a la otra persona, sino que idolatras su imagen idealizada. Una imagen en la que proyectas lo mejor de ti en el otro y que genera una sensación de fusión. El enamoramiento —que no deja de ser agradable y engolosinador— es la experiencia de "tú y yo somos uno mismo". Amor y enamoramiento no son equivalentes y, por tanto, si uno deja de estar apasionadamente enamorado no significa que no ame a su pareja, o que no la pueda amar: el enamoramiento es, por su naturaleza, temporal y ficticio. Incluso existen parejas amorosas que no atraviesan un loco enamoramiento para iniciar un buen amor. Además, en nuestro mundo occidental, bajo el estado de enamoramiento, la gente toma decisiones demasiado importantes, como casarse, tener hijos, comprar bienes... hasta que de pronto cae en cuenta de que ya no está enamorada y se encuentra casada, con tres hijos, bienes en común, suegros, perro e hipoteca.

8) **El amor es fusión.** Hay fusión cuando la vida de dos personas transcurre completamente en común en lo que se refiere a sus intereses, deseos y valores. Hay fusión cuando se da un completo intercambio de complementariedades en lugar de un intercambio de identidades. Otro camino posible consiste en dar la bienvenida a un amor menos fusional donde cada uno de los miembros de la pareja se abre a la individualidad y a la distancia y diferencia del otro. Si no sorteamos esta creencia, cuando las diferencias caen por su propio peso —situación inevitable a través del tiempo—, viene la desilusión y se piensa que todo terminó, con la subsecuente disolución de la relación.

9) **El amor auténtico es monógamo, sólo puede sentirse por una persona.** Cuando la experiencia muestra que se

puede amar a más de una persona, esto es descalifi-
cado e interpretado como signo de alteración mental o como prueba fehaciente de que quizá no se
quiera a ninguna de las dos. Se esperaría entonces
que todos los deseos pasionales, románticos y eróticos deben satisfacerse exclusivamente con la propia
pareja. Uno elige ser monógamo como acuerdo con
la pareja, pero el prejuicio de la exclusividad sexual
está muy extendido e invisibiliza que uno se casa o
se empareja con quien puede hacer una vida en común y compartir buena parte de las experiencias
cotidianas, con quien es compatible en muchas áreas
de la vida, independientemente del deseo y el apego.
Ya nos dice Helen Fisher que nuestra constitución
psicoemocional permite tener experiencias eróticas y
amorosas complejas y contradictorias al mismo tiempo. Ahora bien, esto puede manejarse mal y crear
dificultades en el camino, pero éstas no son necesariamente traición, maldad o desamor.

10) **El amor para ser amor ha de ser romántico.** El romanticismo surgió en otro siglo y consiste en un amor idealizado, imposible e inalcanzable. Muchas mujeres han
quedado influenciadas por esa época —y esperanza-
das por esas historias—: el príncipe anhelado llegará
a salvarla, a luchar contra todo por ella, a tratarla
como una princesa. El amor romántico infantiliza a
la mujer, la inutiliza, la debilita. Influenciados aún
por Shakespeare en *Romeo y Julieta* olvidamos que
esa experiencia se dio entre jóvenes que no tenían
más de 16 años, duró una semana y dejó varios muer-
tos.

11) **El amor es total.** Cuando se pretende, en una relación
de pareja, pensar que nada cabe excepto el otro, la
relación se empobrece y decanta en aburrimiento, en

el mejor de los casos, si no es que en control, celos e incluso violencia. Creer que tu pareja lo tendrá todo contigo y sólo contigo llevará a numerosos actos de hostigamiento y de posesión. No falta quien afirme que "aislados del mundo yo lo seré todo para ti y tú lo serás todo para mí". Nadie nos puede satisfacer absolutamente, y de ese modo ser —como dice Benedetti— "mi amor, mi cómplice y todo". A veces queremos encontrar en la misma persona un amigo, un esposo, un amante, un compañero de juego, un buen conversador, un buen padre y un excelente proveedor. ¡Imposible! El amor adulto siempre nos dejará un poco insatisfechos.

12) **El amor todo lo sabe.** "Si me quiere, me conocerá de tal modo que sabrá lo que quiero, lo que necesito, casi podrá adivinar mis deseos y gustos; no tengo que explicar, ni que pedir". Olvidar que siempre somos —por más que nos queramos y conozcamos— un misterio para el otro, llevará a expectativas insatisfechas y a desilusiones constantes. Incluso, ese desconocimiento de la totalidad del otro favorece la genuina curiosidad que hace inagotable la experiencia del amor: "No te conoceré nunca del todo, no agotará la convivencia mi misterio ante ti".

Pérdidas, resiliencia y capacidad de cambio

Si entendemos que romper paradigmas significa transformar la manera en que pensamos y hacemos las cosas, cabría preguntarnos: ¿cómo se hace para cambiar? Pero primero, sería conveniente entender la importancia de la resiliencia, ya que la transformación amorosa requiere una particular energía para procesar las pérdidas, asimilar las experiencias vividas, crecer gracias a ellas y sus desencantos, así como integrar los aprendizajes que éstas conllevan.

Ocurre que los procesos que hemos de vivir en esta nueva travesía no sólo pueden ser desconocidos y desafiantes, sino que, en ocasiones, severamente lastimosos. Pero además, ante la dificultad de considerarlos una franca catástrofe —seguimos vivos, tenemos trabajo, conservamos familia—, ¿cómo podemos manejar esa sensación de pérdida que no podemos claramente ni identificar ni definir? Estamos íntegros y con un potencial —y deber— de crecimiento y realización, en un mundo de libertades y oportunidades, pero, al mismo tiempo, la vida amorosa no toma un ritmo concreto, ni seguro, ni sostenido.

De hecho, nosotros mismos ni sabemos ni entendemos a ciencia cierta qué dirección —y por cuánto tiempo— tomar. De ahí la necesidad de integrar y manejar la incertidumbre con herramientas de viaje. Y todo esto —ya sea para no quedarnos estancados en un deseo casi imposible de satisfacer o bien salir de una mala relación— demanda que nos movamos de lugar para continuar, que nos transformemos prácticamente de quienes hemos sido hacia un mejor yo, más sólido, actualizado, adaptable y consciente; una versión de uno mismo adaptada a la nueva situación. La necesidad de asimilar el cambio, favorecerlo conscientemente, será un mecanismo fundamental para continuar.

El proceso de pérdida y recuperación es un reto complejo que todos, en un momento u otro, enfrentamos. En el tema que nos ocupa, éste puede ser desde la pérdida de un ideal hasta la pérdida de un amor. Pero, de hecho, desde pequeños, todos hemos sufrido alguna pérdida: algún objeto preciado, una amistad, un familiar, incluso alguna actividad que disfrutábamos y hemos tenido que abandonar. La vida humana está llena de pérdidas, de la necesidad de dejar ir. Para enfrentarnos a ellas requerimos un factor llamado resiliencia: la fortaleza ante el quiebre, la decepción y las frustraciones. Ésta es la capacidad que tenemos los individuos para encarar las circunstancias adversas gracias a cierta forma de flexibilidad emocional que nos ayuda a resistir los embates de la vida cotidiana, sobre todo cuando ésta se torna más dura.

La resiliencia es particularmente importante cuando, además de las pérdidas más rutinarias, aparecen las que hacen cuestionarse las certezas que se llevaron consigo durante toda la vida. Y es que el cambio de paradigmas conlleva inevitablemente sentimientos de desilusión y desesperanza. Para hacerles frente deberemos reunir nuevas herramientas que nos permitan mantener una mayor salud emocional, agencia personal y disfrute social.

En el caso de las relaciones erótico-afectivas, además es necesario saber:

- Cómo reaccionar a posturas discriminatorias más o menos traumáticas, como el rechazo de una sociedad con esquemas tradicionales y estáticos.
- De qué forma salir bien librado de un rompimiento amoroso.
- Cómo desafiar las propias creencias precarias y prejuicios limitantes.
- Cómo asumir la transitoriedad de la época que estamos viviendo, la falta de verdades absolutas, la escasez de peldaños alcanzados para siempre y la dificultad de construir relaciones eternas.
- Cómo renunciar a expectativas y sueños amorosos que difícilmente se harán realidad.

Es por medio de la resiliencia que lograremos adaptarnos a los cambios y salir airosos de la adversidad, remontar experiencias difíciles y reponernos de los efectos implicados.

Pero la resiliencia es más que resistir, es también aprender a vivir; esto es, aprender a administrar nuestras emociones y reorientar nuestras acciones.

Si bien la resiliencia surge de la capacidad de ciertas personas para salir airosas de episodios de extrema adversidad causados por catástrofes naturales o sociales, la vida cotidiana también genera estrés y crisis, sobre todo cuando abandonamos caminos seguros que con todo y sus incómodas limitantes dan un marco de certeza y seguridad. Para atravesar los desafíos que esta transformación presenta se requiere capacidad para sobreponerse a los cambios de paradigma, así como a ciertos fracasos y a múltiples quebrantos.

Esta capacidad de resistir presenta una idea dialéctica; es decir, la necesidad de enfrentarse a dos posturas que, comúnmente, podrían parecer contrarias pero que, en el momento, se presentan como complementarias —como sería la felicidad de la tristeza, o, como suele decirse, "de lo malo, lo bueno"—. La realidad nos ofrece ejemplos donde podemos concebir que algo que nos causa tristeza, al mismo tiempo nos concede felicidad.

Pensemos en un familiar que, luego de pasar largo tiempo padeciendo una enfermedad dolorosa, al fin fallece: si bien su muerte nos causa un gran dolor, también sentimos cierta paz y alegría al saber que alguien a quien amamos ya no sufrirá más. Dicha alegría es el punto de partida que nos llevará a superar el dolor, teniendo la esperanza de que en el futuro podremos dejar el sufrimiento atrás. Hay en nosotros cierta ambigüedad que, al final, se integra para ayudarnos a enfrentar, en este caso, incluso la muerte.

De este modo, la resiliencia se nos muestra como una herramienta para sortear sólidamente las vicisitudes y fomentar nuestra madurez emocional. Aunque, cabe decirlo, no es algo que se desarrolle sin práctica, y no todas las pérdidas nos exigirán el mismo nivel de resiliencia. Sin embargo, toda pérdida presenta un reto y, en todos los casos, su conclusión permite enfrentarlas de mejor manera al haber alcanzado el suceso detonante, el momento que, quizá, tanto temíamos pero que indica, también, un nuevo comienzo, el banderazo de salida para comenzar con la propia recuperación.

Ahora bien, en el caso de las "pérdidas ambiguas" —término de la psicoanalista y terapeuta familiar Pauline Boss—, no existe un punto concluyente. En cambio, se da una enorme carga de ambigüedad, de incertidumbre y el sentimiento sólido de no conclusión. Este tipo de pérdida se relaciona con todos aquellos sucesos donde, si bien sabemos que algo cambió y que nuestra vida no volverá a ser la misma, existe un fantasma que nos permite pensar que las cosas quizá pueden resolverse.

Un ejemplo claro de este tipo de pérdida son los casos en los que un familiar se encuentra exiliado —está con nosotros sin estar— o en una desaparición forzada en la que la muerte de alguien no ha sido confirmada pero su reaparición ya no parece una realidad. Queda en ambos casos una pérdida difusa, una esperanza truncada y una dificultad de atravesar el duelo.

De una manera diferente, las rupturas amorosas, ya sea divorcio o separación —incluso cuando ocurre una infidelidad—, conllevan un impacto emocional cuyo efecto tiene cierta similitud aun cuando se trata de experiencias internas de otra magnitud. Comparten la impresión de que "algo se sostiene, pero algo ya no está", "estoy íntegro, pero ya no soy el mismo", "la vida me ofrece cosas, pero ya nada será igual". También se experimenta la ambigüedad de la pérdida en aquellas experiencias erótico-afectivas que nos decepcionaron porque no llegaron a consolidarse como hubiéramos deseado, o porque se intentaron esquemas nuevos que, pareciéndonos estimulantes, nos fueron irrealizables y quizá lastimaron parte de nuestra integridad emocional.

Estas pérdidas tienen algo en común: la confusión, la indeterminación, en fin, la ambigüedad, y con ella el estrés que ésta genera. Al no existir algo que nos dé certeza del preciso final —algo palpable—, la vida se vuelve física y emocionalmente agotadora, y profundamente inestable. Lo rutinario y la cotidianeidad se vuelven tensos, siempre a la espera de una señal: una llamada, una visita, el timbre que suena para anunciar alguna noticia, una mueca, un mail, un mensaje de WhatsApp, una mirada. Las personas que sufren la pérdida ambigua van por la vida esperando y, de cierto modo, fantaseando, jugando con las posibilidades o inventando realidades cuando las cosas pintan para bien.

Esta inestabilidad no podría menos que acarrear desde malestares emocionales sostenidos hasta problemas psicológicos delicados. Las personas que se ven inmersas en una pérdida ambigua sufren de constante ansiedad, insomnio o sueño intranquilo, depresión, padecimientos psicosomáticos e incluso enfermedades físicas derivadas del gran agotamiento emocional. A esto se aúna la longevidad de los padecimientos: si bien en una pérdida "normal" existe un conjunto de síntomas que denotan un estrés postraumático, en la pérdida ambigua estos síntomas permanecen indefinidamente ante la posibilidad de una solución real. Así, el ir y venir entre la desesperación y la frustración, la esperanza y la fantasía, crea en el individuo un sufrimiento de mayor complejidad. No hay una claridad de lo que se perdió, ni de lo que se tiene que superar. En la incertidumbre amorosa, muchas veces se carece incluso de la clara conciencia de lo que genera nuestra zozobra emocional.

Ante esa terrible exigencia emocional que significa la pérdida ambigua, quien la padece tiene un camino, si bien no es el mayor consuelo ni la panacea, sí es un paso contundente para generar cierta sensación de autocontención y bienestar: aprender a vivir con la ambigüedad. Esto no significa demeritar el sufrimiento o solicitar el olvido y la indiferencia. Como un dolor crónico que viene y va, a veces ante ciertos climas o ciertas circunstancias, quienes se enfrentan a una pérdida ambigua encuentran en el tiempo y el esfuerzo un camino hacia la integración de la incertidumbre en su vida.

Repetimos: no es una resignación ni un olvido, sino una forma de afrontamiento, una nueva manera de vivir donde la inestabilidad, la ambigüedad y la esperanza se vuelven constitutivos del carácter y la cotidianeidad de la persona, dando lugar ya no a las fantasías, sino a una esperanza prudente que convive con posibilidades y probabilidades realistas.

Así, los nuevos modelos de vida amorosa enfrentan a las personas, precisamente, a una forma de pérdida ambigua. Durante generaciones, la vida en pareja, el matrimonio y el "hasta que la muerte los separe" daban a las personas una meta de vida que se forjaba desde la primera infancia y se integraba con otras metas como las laborales y las de procreación. Sin embargo, los cambios sociales de las últimas décadas han creado una crisis en los paradigmas, difícil de enfrentar, pero necesaria al fin. Y decimos necesaria pues muchos de los antiguos paradigmas sociales llevaban a cuestas una gigantesca carga de inequidad, injusticia, sexismo y discriminación.

Hoy en día, si bien no hemos acabado con estas problemáticas, podemos notar, al menos, una mayor conciencia de la importancia de hacerles frente para reducirlas a su mínima expresión en un futuro no muy lejano. Vendrán retos nuevos y desafíos mayores, ya que todo cambio —después de ser asimilado e integrado— crea su propia complejidad, pero confiemos que serán retos que apunten más al crecimiento, a la experimentación, a la adaptación y al disfrute, y menos a la represión, la inequidad y el empobrecimiento relacional.

*Mariana tiene 49 años, estuvo casada con Bernardo 16
años y tuvo dos hijos con él. Las familias de ambos, conservadoras por demás, estaban felices de que dos "buenos
muchachos con principios y valores" se hubieran encontrado en este mundo "patas pa'rriba". Pero, tras 15 años
decidieron, con dolor pero con responsabilidad, que su
proyecto de pareja era bastante hueco, que no coincidían
en su visión de futuro, que el deseo se había perdido del
todo tiempo atrás y que realmente preferían otros espacios que compartir tiempo en común. Para conmoción de
todos, se separaron.*

*Mariana rápidamente inició encuentros con otros
hombres que le resultaban más estimulantes e interesantes y que le hacían sentirse mujer —algo nuevo para
ella—. Sus roles de madre, esposa, hija, nuera y demás
la habían absorbido de tal forma que se alegraba de sus
nuevas experiencias en el territorio erótico-afectivo. Al
poco tiempo, se enamoró de Luis, con quien inició una
relación formal abierta. El no vivir juntos, tener espacios personales, viajar sin hijos y compartir intereses
frescos les hacía sentir —y ser vistos por la familia de
Mariana y sus amistades cercanas— como una pareja
"de avanzada". Transcurrieron un par de años y la relación fue tomando tintes matrimoniales por parte de
Luis, quien disfrutaba de compartir muchos espacios sociales y familiares que a ella le parecían más de lo mismo
por el rol que tenía que jugar. Así, era la anfitriona en las
cenas que organizaba Luis en su casa y le tocaba ser la esposa que acompañaba a su hombre en los eventos importantes, mermando así la cantidad de espacios sólo para
ellos dos. Mariana extrañaba esa vida en pareja y terminó pidiendo un "tiempo fuera". Tras cinco años juntos, y
luego de algunos intentos de reparación, renegociación
y reconstrucción, la relación acabó por completo.*

Decidió estar una temporada en soledad y luego de un tiempo, y por un proyecto de trabajo que la obligaba a viajar, piano piano *Mariana comenzó a salir con personas que tenían otros estilos de vida y otra mentalidad en cuanto a la vida en común y a los roles en una relación. Inició un romance con Karl, alemán con residencia en Canadá, curiosamente cálido y divertido, con quien viajó unas cuatro veces compartiendo muchísimas cosas en esos encuentros. Se decían muy a menudo lo a gusto que estaban juntos, planeaban encuentros a futuro y se hablaban por Skype con frecuencia. Pero cuando Mariana expresó que sentía un afecto especial por él y que quería invitarlo a México para que lo conociera "su gente", fue entonces que Karl puso marcha atrás al asunto y le dijo que no estaba listo para tanta intimidad. Ese límite resultó ser, además, un cordial punto final que dejó a Mariana desconcertada y herida. Siente que perdió seguridad en su manera de relacionarse, que no entiende sobre qué camino está transitando, que quizás el amor no existe y tendrá que conformarse con encuentros pasajeros. Está bien, sin duda, pero algo en su perspectiva de vida amorosa pende de un hilo.*

La pérdida ambigua a la que nos enfrentamos es, precisamente, el cambio radical en nuestra forma de vida y metas personales a corto, mediano y largo plazos —y su aceptación o rechazo por nosotros mismos y nuestro entorno—. Entonces, ¿cómo enfrentar estas nuevas formas de relacionarnos? ¿Cómo hacer frente a la ambigüedad que se presenta ante aquellos que, por elección u otras circunstancias, se enfrentan a nuevos acuerdos amorosos? Sin duda, la mejor manera será desarrollando y ejerciendo su resiliencia.

NAVEGANDO LA INCERTIDUMBRE AMOROSA

Factores que desarrollan la resiliencia

La resiliencia no es una característica que la gente tiene o no tiene, al contrario, ésta se forma a partir de conductas, ideologías, acciones y pensamientos que puede aprender y desarrollar quien se lo proponga. Para ello, existen varias medidas que ayudan a coadyuvarla:

- **Creación de vínculos:** como seres primordialmente sociales, los humanos requerimos rodearnos de más individuos para enfrentar los retos. Si bien la vida individual está en evidente popularidad, esto no nos libera de la natural y necesaria interdependencia —además de la responsabilidad— de unos con otros. Así, establecer vínculos afectuosos, de apoyo mutuo, es el primer factor que favorece el desarrollo de la resiliencia. Los grupos de apoyo mutuo como familia (de crianza o extendida), amigos o personas que vivan circunstancias similares —incluso grupos de crecimiento creados con el explícito fin de generar contención— aportan mayor seguridad a quien atraviesa una pérdida o un reto complejo.
- **Nuevas perspectivas:** es necesario dar un giro a la percepción que tenemos de la crisis, pérdida o reto que cruzamos. En muchas ocasiones, existen circunstancias que no podemos cambiar, pero en la mayoría de ellas sí podemos modificar el modo en que las interpretamos. Dar un vuelco a nuestra perspectiva, pensar y observar desde otro punto lo que estamos enfrentando, ayudará a fortalecer nuestras ideas y construir diferentes cursos de acción.
- **Bienvenida al cambio:** lo queramos o no, lo aceptemos o no, es parte esencial de la vida. La única constante es el cambio, parafraseando al antiguo filósofo Heráclito.

De este modo, aceptar que a lo largo de la vida nos enfrentaremos a cambios —incluso si éstos son consecuencia de cierto azar y no de nuestra voluntad directa— es parte importante al enfrentar los conflictos. Un individuo que comprende los cambios, que procura practicar cierta elasticidad en sus planes y visión a futuro, será mucho más propenso a manejar adecuadamente las vicisitudes. Su capacidad de aceptación de lo que hay y de estar presente en el aquí y el ahora le facilitará las transiciones.

- **Decisión y voluntad:** actuar con aplomo, pero con una visión centrada. Es decir, enfrentar las circunstancias adversas nos requiere firmeza de carácter, pero esto no quiere decir que todo saldrá a pedir de boca. Es necesario poner en su justo sitio el presente, el pasado y el futuro. Cuando nos enfrentamos a un proceso de pérdida, es necesario hacer uso de nuestra fuerza de voluntad, incluso aumentarla a través de ejercerla. Esto será posible cuando tomemos las decisiones necesarias para salir adelante. Una decisión no es un proceso imaginativo, es un acto palpable. Esto es, requiere poner plazos específicos y realizar acciones contundentes. Aprendiendo a tomar decisiones podremos mejorar nuestra capacidad de resiliencia.

- **Autoconocimiento:** conocerse mejor es menester. Cada uno, en mayor o menor medida, sabe hasta dónde es capaz. Es más, quienes no saben de qué son capaces terminan descubriéndolo al paso. "Conócete a ti mismo", sugirieron los griegos hace más de dos mil años y, al paso del tiempo, sigue siendo uno de los objetivos que más recompensas existenciales brinda a quien se lo propone. Esto trae también —quizá como consecuencia colateral— un mejor manejo de las emociones, los sentimientos y los impulsos. Es tarea personal para ser resilientes el saber dominar éstos últimos en los momentos de conflicto: el impulso de huir, de vengarse, de actuar osadamente, etcétera. Ser resiliente no significa ser invulnerable, sino saber enfrentarse al dolor de manera adecuada, equilibrada e inteligente.

- **Sentido del humor:** si bien enfrentarse a las vicisitudes es un ejercicio serio, que requiere fuerza de carácter, el sentido del humor siempre es una herramienta útil ante los conflictos. Saber reír en el momento adecuado es un acto que libera estrés y que permite pensar con mayor claridad. De ningún modo esto significa que debamos burlarnos de los problemas o ridiculizarlos. Por el contrario, nos ayuda a dar una buena cara a las tormentas, de forma que podamos ponerlas en su justo sitio, sin menospreciar ni exagerar.

- **Sentido de propósito:** tener un sentido de vida orienta las acciones desde una motivación intrínseca mediante metas claras, perseverancia y capacidad de lucha. Conocer nuestros recursos y limitaciones permite una perspectiva objetiva de lo que se puede y lo que no se puede ofreciendo una visión optimista y realista de nuestra jornada.

Todo lo anterior, claro está, tendrá variantes que dependan específicamente del carácter e historia de vida de cada persona. Para ejercer la resiliencia no se necesita invulnerabilidad, o permanecer en un constante estado de actitud positiva. La resiliencia solicita de nosotros el enfrentar problemas inteligentemente, permitir integrar el cambio en nuestra vida y trabajar con madurez la frustración. La danza del amor ha cambiado, necesitamos conocer los nuevos escenarios para poder bailarla, pero eso no significa que no sea amor.

A echar a andar el motor del cambio

La resiliencia es finalmente la habilidad primaria ante la adversidad que nos sostiene para generar los cambios necesarios para continuar la vida; porque no se trata sólo de resistir y sobrevivir, sino de continuar crecidos y vivificados. Michael White, trabajador social y terapeuta familiar, habla de la migración de identidad como un proceso en el que la persona se mueve de una forma de ser inoperante, lastimosa o caduca, a una identidad actualizada y preferida. Esta migración se da por etapas ya que el cambio es un proceso, no un evento. Es precisamente la capacidad de resiliencia, con el rescate de las propias competencias, sueños y valores, lo que permite continuar el camino y atravesar las diferentes etapas de este cambio con el fin de instalarnos en una nueva identidad de manera más cómoda y enriquecedora.

La primera etapa es la de separación o de rompimiento con la vida que hemos conocido hasta el momento. Posteriormente, sigue una fase intermedia, en que lo familiar está ausente y nada significa lo mismo que antes. Por último, se da la reincorporación en la que se ha llegado a un nuevo lugar en la vida; una vez más estamos en casa con nosotros mismos y se recupera la sensación de tener conocimientos y herramientas para vivir. Pareciera que esta migración de identidad —que antaño podría ser una experiencia excepcional, poco cotidiana y desafortunada—, hoy comienza a ser una necesidad continua ante el apremio de adaptación a la transformación vertiginosa de la vida actual.

Sin duda, el cambio siempre ha estado presente en nuestros ciclos de vida, pero reiteramos que hoy más que nunca es una constante que abre el cuestionamiento de qué postura queremos asumir ante su inevitabilidad: ¿somos agentes pasivos o tomamos las riendas de nuestra vida? ¿Sabemos lidiar con la tensión que se genera entre el deseo y la necesidad de cambiar y la comodidad de lo conocido? Los seres humanos nos sentimos confortables cuando tenemos control sobre nuestras expectativas de competencia, confianza y comodidad; cuando las circunstancias varían y esas expectativas se perturban, nos hallamos ante el reto del cambio. Si nuestra capacidad de adaptarnos no es adecuada, sufrimos un gran impacto y nuestra conducta se altera, como si perdiéramos el equilibrio. Cuánto tardemos en adaptarnos al cambio —y si tendremos éxito o no— dependerá de nuestra percepción del mismo como oportunidad o amenaza.

Javier ayer explotó. Lleva dos años viviendo con Hernán y no está dispuesto a seguir esperando que él genere más ingresos para poder darse la vida que antes tenían, una vida sibarita con buenas salidas a restaurantes, eventos culturales y la posibilidad de viajar de tanto en tanto.

Hernán, de 38 años, se saturó de su trabajo rutinario de oficina en un despacho contable y renunció para dedicarse a la música que tanto lo apasiona y practica como hobby. *Por supuesto, asumió que reiniciar por ahí un desarrollo profesional no sería fácil, pero se dijo que, aunque ganará menos —al principio—, disfrutará más la vida. Sus ahorros de años le darían cierta estabilidad y, si se administraba correctamente, le permitirían vivir sin mucho apuro.*

Javier, quien es profesor de universidad y está estudiando un doctorado, lleva tiempo mostrando su malestar con reclamos, silencios y ciertas amenazas. Su trabajo no es suficiente para continuar con el antiguo ritmo de vida y la decisión de Hernán ha trastocado sus planes de vida común. Javier tiene 29 años y la decisión de irse a vivir con Hernán partía del acuerdo de sumar esfuerzos para tener ciertas comodidades que privilegiaran su expansión cultural y su disfrute de la vida en común. El pináculo de su malestar ocurrió cuando Hernán pospuso el viaje a Nueva York planeado por su próximo cumpleaños, ya que Javier no podía costearlo en su totalidad.

Javier se sentó a conversar desesperado con un grupo de amigos en común para compartirles que lleva mucho tiempo tolerando las decisiones unilaterales de Hernán. Les confió, incluso, que ante la dificultad de plantear su punto y de ser escuchado, planeaba irse de casa para que Hernán considerara entonces si estaba dispuesto a cambiar de decisión. Los amigos estuvieron de acuerdo con él en que Hernán minimiza sus quejas y se posiciona en un cierto coto de poder, pero le comunicaron que la decisión de salir de la casa después de los dos buenos años compartidos puede crear más problemas de los que podría resolver. Uno de los amigos le dijo: "Javier, si vas a 'correr un maratón' para transformar tu relación, primero 'cómprate los tenis adecuados' y entrena de a poco para que no te agotes en el primer kilómetro". El malestar de Javier es genuino, pero el amor entre ellos y su proyecto común también lo es. Javier decidió pedir a su amigo que lo aconseje para poder hacer un serio planteamiento de sus necesidades y un plan de acción para ver si puede actualizar su relación con acuerdos que dejen a ambos suficientemente satisfechos.

Ahora bien, parecería que, a veces, la gente quiere, pero no puede cambiar. Esto se debe a diversas razones:

- Por no tolerar el malestar y la ansiedad a lo desconocido y la incertidumbre.
- Porque el cambio implica un desafío.
- Por el confort que adormece la conciencia e impulsa al autoengaño.
- Por no correr riesgos.

- Por el temor a hacer el ridículo.
- Por la falta de voluntad para posponer gratificaciones en pos de un bien mayor.
- Por no saber cómo iniciar la transformación de manera realista.

Es cierto que el primer paso para cambiar es querer hacerlo, sin embargo, en este caso, no aplica el tan sonado querer es poder; desearlo no es suficiente para lograr un cambio significativo. Entonces, ¿cómo hacemos para cambiar? Aquí van algunas sugerencias:

1) **Parar**: dejar de repetir lo mismo que no ha funcionado. Hacer más de lo mismo puede ser fácil, incluso cómodo, pero no llevará a resultados diferentes.

2) **Cerrar círculos**: reconocer lo que es un obstáculo. No se pueden meter cosas nuevas en un cajón si no se sacan las viejas; no se puede iniciar una nueva relación si no se ha cerrado una anterior y no se puede emprender un nuevo proyecto si se está intranquilo con un trabajo anterior.

3) **Poner nombre al problema**: detectar nuestro malestar. Antes de lanzarnos a actuar sin ton ni son, permitámonos sentir de qué va nuestro desasosiego, frustración o sensación de fracaso: ¿qué es lo que realmente nos perturba? ¿Tiene que ver con alguien o es con nosotros mismos?

4) **Encontrar nuestro motor**: descubrir lo que le daría propósito a nuestra vida. El significado y sentido de vida es el motivador superior para construir un proyecto personal: ¿qué quiero?, ¿qué anhelo?, ¿qué valoro?, ¿con qué sueño?

5) **Tener una línea de metas en el tiempo**: establecer objetivos específicos a corto, mediano y largo plazos;

pocos, pero consistentes, alcanzables y claros. Pero, si nuestras metas no corresponden con nuestras habilidades, podemos frustrarnos innecesariamente. Es esencial adecuar nuestras aspiraciones a nuestras posibilidades reales.

6) **Reconocer nuestros recursos:** hacer una lista de nuestras competencias en uso y de las que hay que explotar: las que ya utilizamos y las que podemos desarrollar. El autoconocimiento y la aceptación personal son la base del uso oportuno y constructivo de los recursos. No todos poseemos los mismos rasgos, pero todos tenemos diversidad de recursos.

7) **Diseñar un plan de acción:** en tiempo y forma, con estrategias de avance y rutas críticas. Iniciar con lo que nos dé más flojera para dejar el premio para después.

8) **Evaluar y rectificar en el camino:** podemos cambiar nuestros deseos y nuestras posibilidades, y se vale. Además, no hay un solo camino ni una mejor decisión; son diversas las opciones para poder lograr el cambio y la satisfacción. ¡Toda experiencia es útil si es asimilada y afina nuestro sentido de propósito y el camino a seguir!

9) **Celebrar nuestros avances:** cada paso es valioso, no sólo el resultado final.

Por supuesto que echar a andar este mecanismo requiere un previo entendimiento del nuevo territorio que queremos transitar. Probar un nuevo recorrido sin procurar entender los cambios de paradigma implicará intentos inadecuados que no generarán fruto alguno y sí mucho desgaste.

El cambio se da en la experiencia y la acción, pero también en la narración. Aquí van otras ideas adicionales para echar a andar el motor del cambio:

- Diseñar **experiencias** de vida variadas: planear un viaje, leer un libro, cursar un taller, generar alguna relación. Las experiencias de vida nos obligan a salir de nuestra zona de confort y enriquecen nuestra manera de vivir.
- Crear nuevas **narraciones** sobre nosotros y sobre el mundo que nos rodea. Este mecanismo privilegia la reflexión: revisar cómo nos describimos, analizar nuestro pasado y reacomodarlo para generar diversas interpretaciones del mismo, agregar explicaciones que sumen al relato que nos hemos contado de nosotros mismos, reescribir nuestra historia preguntando a quienes nos rodean cómo nos ven.
- Ejecutar **acciones** concretas que nos permitan hacer las cosas de manera diferente. No se requieren acciones enormes de las que se espere un cambio radical; pueden ser pequeñas cosas que en conjunto den una inercia distinta. Por ejemplo, poner límites a conductas abusivas de otros, pedir lo que necesitamos, expresar lo que sentimos, visitar a alguien que no hemos visto, compartir con algún amigo lo que pensamos, comprar algo que siempre hemos deseado y un largo etcétera.

Planear experiencias, construir nuevas narraciones y ejecutar acciones es realizar conductas de autovalidación. Estas conductas nos mueven de la zona en la que estamos incómodamente asentados y nos permitirán descubrir nuestro poder y conquistar nuestra autonomía. Modificar lo que vivimos, decimos o hacemos promoverá un movimiento en cualquier punto del triángulo acción-experiencia-narración activando nuestro proceso de transformación. Pero, ojo, la decisión de cambiar es previa a cualquier acción, sin ella es imposible movilizar ningún recurso y no hay que olvidar que la transformación es el único camino hacia la auténtica autoestima y autorrealización.

Capítulo 5

UN PROYECTO DE VIDA PERSONAL CON SENTIDO

¿Cómo sostenernos?

Para todos es novedoso este recorrido hacia nuevos modelos de relaciones en territorios amorosos desconocidos. Sin precipitarnos a repetir esquemas, historias y sobre todo dramas que hoy no marchan, tampoco podemos detenernos en el camino de la experimentación y por qué no, del encuentro. Sin duda, al igual que otras áreas de la vida, el reto de la pareja implica un conocimiento personal, un empeño de crecimiento, pero también un acompañamiento colectivo. No estamos solos, por el contrario, somos muchos los que atravesamos esta incertidumbre amorosa medio a ciegas, medio acompañados.

Recordemos que las demandas amorosas de hoy requieren que construyamos nuestra individualidad y nuestra autonomía —tarea ineludible de los tiempos posmodernos—, pero sin perder de vista que somos parte también de una comunidad, de un colectivo que camina con nosotros. En la medida en que las nuevas geografías amorosas crean dolores desconocidos e inevitables, habremos de buscar alternativas de recuperación, de goce, de experimentación, de aprendizaje. Claro, con la certeza de que nuestras conductas requieren una responsabilidad hacia nosotros mismos y hacia los otros que cruzan nuestro camino.

La tarea de sobrellevar las pérdidas, desplegar nuestra resiliencia y aprender a cambiar no es para vivir una existencia sin sentido, sino para construir una vida con propósito. De ahí que entre nuestros retos se encuentre el ¿qué y cómo cambiar para poder disfrutar de lo que sí hay? ¿De qué forma trabajar en la construcción de una identidad sólida que no dependa sólo del amor erótico?

Plantearnos la creación de un proyecto de vida personal que nos dé sentido y que explote nuestras capacidades y recursos —al tiempo que incluya nuestros deseos y necesidades y honre nuestros valores—, es una salida no sólo necesaria sino ineludible. Un proyecto de vida nos marca un camino que en ocasiones será algo solitario en temas de amor, pero siempre podrá venir acompañado de otros que también transitan sus propios senderos y coincidir por tiempos determinados, o compartir un extenso recorrido juntos. Éste nos permitirá crecer, disfrutar, navegar tormentas, crear y construir y, en el intento de amar, también aprender del amor sin aferrarnos a él pero tampoco eludiéndolo por temor al fracaso. Desplegará nuestras propias competencias, lo cual es en sí mismo satisfactorio, y logrará un impacto social que nos trascienda. Además, nos facultará a habitar el territorio del amor con más paz, suficiente disfrute y menores heridas.

Yo soy mi proyecto de vida

Cambiar el libreto de nuestra vida no significa cambiar de personalidad ni ir en contra del propio estilo. Un nuevo libreto pondrá el foco en proyectos personales ligados a deseos y anhelos que no impliquen estar a disponibilidad incondicional del amor y de la búsqueda de relaciones como prioridad vital —el amor se anhela, pero no puede ser el único proyecto de vida—. Esto implica moverse de ciertos escenarios, pero una cosa es querer y otra es poder: para lograrlo se requiere un arduo trabajo psíquico para reacomodar el "programa subjetivo" que tenemos instalado, además de desarrollar una dosis importante de creatividad para generar otro que aún no existe. Este programa ha de integrar todas nuestras dimensiones: la intelectual, la física, la erótica y la actitudinal; es decir, todo nuestro ser actualizado, desarrollado, en dinamismo.

En la actualidad, nuestra sociedad favorece el confort, promueve el placer y promete la felicidad y, sin embargo, existen millones de personas que están insatisfechas con su vida, su trabajo, su propia persona y sus relaciones. Quizás hoy, mucho más que en el pasado —a pesar del estrepitoso avance de la ciencia y la tecnología—, nos encontramos con gente deprimida, estresada y enferma, con personas que depositan en el entorno la responsabilidad de su bienestar, con gente que no entiende ni cómo ni por qué se encuentra en una absoluta falta de sentido si la vida se ha hecho más fácil y la felicidad puede encontrarse a la vuelta de la esquina.

Se nos olvida que, de todos los seres vivos existentes, el único que tiene la capacidad de relacionarse y dialogar consigo mismo es el hombre, gracias a una cualidad única que lo distingue del resto de las especies: la conciencia. Los humanos somos los únicos que nos damos cuenta de que pensamos. Es decir, sabemos que sabemos, por lo que no sólo somos seres conscientes sino autoconscientes.

La complejidad de las operaciones mentales que derivan de esta capacidad es la razón por la que podemos entrar en diálogo con nosotros mismos y preguntarnos: ¿quién soy?, ¿qué quiero?, ¿hacia dónde me dirijo? Del resultado que demos a dichas respuestas nos sentiremos a gusto o no, intentaremos cambiar en pro de nuestro bienestar y crecimiento o bien trataremos de acallar esa voz interna que nos cuestiona y desafía. Escucharla y atenderla o bien, evadirla e ignorarla, son decisiones que hay que tomar; ambas tendrán efectos distintos en nosotros y en nuestro modo de vivir.

Entramos, pues, en el mundo de las elecciones, de las decisiones: la conciencia hace que el ser humano, a diferencia de los otros seres vivientes, no funcione sólo por instinto e impulsos. La vida despliega diversas opciones y, por tanto, se presenta a cada momento el deseo, la necesidad y la urgencia de elegir —incluso la decisión de no elegir es una elección—.

Esta capacidad es la que nos hace libres, es gracias a ella que podemos autodeterminarnos y responsabilizarnos de nuestras acciones, mostrándonos como seres éticos, capaces de tomar decisiones y hacernos cargo de lo que de ellas derive. Ser libre es un desafío: al tiempo que abre ricas posibilidades, es una tarea ineludible que permite transformarnos —y a nuestro mundo—, pero también nos da la opción de replegarnos para que otros decidan por nosotros, y así sólo ver pasar la vida frente a nuestros ojos.

Es importante insistir que esta capacidad de pensar y pensarnos, si bien es parte de nuestra naturaleza, no funciona en automático. Tenemos libertad de obrar en pro de la expansión de nuestra conciencia o en pro de su contracción. Podemos aspirar a ver más o a ver menos, desear saber o luchar por ignorar, trabajar para obtener claridad o bruma. Podemos vivir conscientemente o casi inconscientemente, éste es en definitiva el significado del libre albedrío, pero no olvidemos que la traición a la conciencia va en contra de nuestra naturaleza. Sólo eligiendo racionalmente y con integridad nos sentiremos contentos y satisfechos con nosotros mismos. Una tarea vital ya que, de todas las relaciones que tenemos en la vida, la única ineludible, de la que no podremos nunca escondernos —y que dura las 24 horas del día— es la relación con nosotros mismos.

Por tanto, sólo al estar en contacto con nuestro yo más profundo, haciendo uso de nuestra conciencia y voluntad, lograremos identificar lo que queremos y lo que requerimos para movilizarnos y cambiar; sólo así activaremos la fuerza y la voluntad que esta tarea implica, y despertaremos nuestra motivación para asumir los costos que habrán de presentarse. Poco a poco brincaremos los obstáculos menos placenteros para así visualizar los beneficios de nuestro esfuerzo.

Las pequeñas acciones que realicemos al inicio del proceso nos ayudarán a empezar con el disfrute del logro anticipado de nuestras futuras conquistas. Además, esta reflexión consciente de quiénes somos y qué queremos nos permitirá alcanzar una de las más importantes tareas de la vida: conquistar la independencia emocional —aspecto nodal de la madurez—, a la vez que desarrollaremos relaciones significativas (de amistad, familia o pareja).

Pero ¿cómo integrar el binomio pareja/autonomía sin que una cosa socave a la otra? ¿Cómo armar un plan de vida lleno de intereses, valores y sueños que avance con o sin pareja, pero siempre con vínculos entrañables que nos acompañen en nuestro devenir? Todos, de una u otra manera, somos emocionalmente dependientes (primero de nuestros padres, luego con la pareja y siempre —en mayor o menor grado— con otra gente de nuestro entorno), pero esta dependencia, llevada al extremo, deriva en problemas emocionales con uno mismo y con los demás.

Para muchas personas el vivir en pareja es sinónimo de tener que clausurar una parte importante de sí mismas: deseos, necesidades, intereses, valores, etcétera. La vida en común se da siempre con desacuerdos, postergaciones y una que otra renuncia por ahí, pero ¿anularnos? ¡No! Para ser independiente en lo emocional hay que ser interdependiente y balancear ambas tendencias: la cercanía y la distancia con el otro. Sentirse atado y asfixiado por una relación —o bien

NAVEGANDO LA INCERTIDUMBRE AMOROSA

experimentar constantemente el miedo de no ser querido y el riesgo de ser abandonado— es un precio muy caro que no debería aceptarse para permanecer en pareja.

Recordemos que la conciencia favorece algo que también caracteriza nuestra existencia: el cambio constante; lo queramos o no, estamos en permanente transformación. El dinamismo de la vida es una invitación a desarrollar los recursos que tenemos. Actualizar ese potencial innato y latente es lo que nos constituye como seres humanos. No se nos ha dado una existencia acabada sino una vida por construir; por eso decimos que vivir es una invitación a autorrealizarnos; el ser humano es permanentemente un nuevo comienzo. No minimicemos la importancia de construir este proyecto de vida personal que, al tiempo que incluye nuestro desarrollo, nos trasciende en una tarea, en una misión, que desde nosotros va más allá y deja huella en nuestro caminar.

Patricia tiene 47 años y una situación económica estable como empresaria en el ámbito inmobiliario. Nació en una clase social acomodada dentro de una comunidad que acogía al tiempo que presionaba a tener cierto estatus para poder pertenecer. La temprana enfermedad de su padre precarizó su hasta entonces abundancia y la obligó a los 17 años a tomar un trabajo de medio tiempo, mientras seguía estudiando para terminar la preparatoria y se inscribía con sus propios medios a la universidad.

Patricia no sólo apoyó a sus padres en la situación económica familiar, sino que forjó un patrimonio personal que le dio libertad de tiempo y movimiento, y la posibilidad de pertenecer a un contexto sociocultural que hoy le queda chico y le parece en extremo soso y conservador. Hubiera querido casarse en su momento, pero el apremio económico y, sobre todo, el interés de los padres de invisibilizar su situación económica en su comunidad y actuar como si no pasara nada le generaba una contradicción interna de gustar de algunos muchachos y, a la vez, no ver la forma de dejarlos entrar en su casa, tan deteriorada por las carencias. Temía, sin duda, el juicio y el rechazo, pero ante todo no podía resolver la contradicción que vivía. Así que sus relaciones siempre, de una u otra forma, terminaban en cierta diversión, luego desencanto, pero desde el principio eran imposibles.

Pasado el tiempo, y con la muerte de su padre al tener ella 40 años, se sintió con tiempo y dinero suficiente para vivir sin ninguna necesidad de trabajar y un gran deseo de conseguir una pareja formal. Patricia lleva siete años en esta búsqueda amorosa, ocupando su tiempo en viajes interesantes, algunos apoyos comunitarios y siendo de algún modo el comodín de las necesidades de sus familiares cercanos. Todas estas actividades le hacen llenar su tiempo libre, pero no le dan una proyección a futuro, ni una experiencia de continuidad. No sabe qué hacer ni cómo hacerlo y su cabeza empieza a traicionarla con un discurso sobre no tener edad y competencias para iniciar una nueva vida. Piensa que una pareja la sacaría de ese marasmo mental y no tiene claro si al estar a la mitad de la vida, habiendo sorteado exitosamente tantos eventos desafortunados, podría iniciar un proyecto que le permitiera desplegar sus recursos personales, honrar sus valores y encontrar intereses que le dieran a su vida un sentido de propósito más allá de la estabilidad económica.

Hay cinco pasos que debemos considerar para poder desarrollar un proyecto de vida estratégico:

Paso 1. Conocer nuestros sueños y valores

Hemos de identificar primero aquello que nos mueve a actuar, tanto anhelos que no hemos podido realizar como valores que consideramos principios rectores de nuestro actuar. Sin una claridad de lo que profundamente honramos y deseamos es difícil tener una directriz de acción. Los anhelos o sueños profundos responden quizás a deseos legítimos de seguridad, estabilidad, paz, orden, y pueden tener alguna relación con aprendizajes tempranos o experiencias infantiles —tanto de carencia como de abundancia— que queremos honrar. Los valores, por su parte, son una cualidad que nos hace apreciar o estimar ciertas cosas, hechos o personas de forma positiva.

Por tanto, proyectar nuestras acciones con miras a la construcción de una familia, al desarrollo de ciertas virtudes personales, a la creación artística, al desarrollo social, incluso a la libertad, austeridad, honestidad o igualdad como ideales generará valor y significado y dará satisfacción a nuestro existir. Cada uno de nosotros —debido a nuestra historia, contexto, incluso personalidad— tenemos valores distintos sobre los que basamos nuestras decisiones. Invisibilizarlos o reprimirlos le resta sentido a nuestro actuar. Para identificar nuestros anhelos y valores fundamentales podemos echarnos un clavado a nuestra historia, recuperar los momentos en que nos hemos sentido orgullosos de nosotros mismos, revisar las decisiones difíciles que hemos tenido que tomar y sus efectos en nuestra vida. De estas reflexiones podremos rescatar los principios rectores y las motivaciones que rigen nuestra vida y seguir con el paso siguiente.

Paso 2. Definir metas a largo plazo que manifiesten nuestros anhelos y valores fundamentales

Este paso consiste en identificar lo que queremos lograr en distintas áreas de nuestra vida: personal, amorosa, familiar, económica, social, laboral y recreativa, entre otras. No todas estas áreas tienen la misma importancia a lo largo de la vida ni en determinados momentos, pero de una u otra forma todas requieren alguna atención para lograr un desarrollo armónico y un equilibrio personal, ya que todas se correlacionan y se influyen mutuamente.

Alinear nuestras metas con nuestros anhelos y valores fundamentales nos generará mayor motivación para actuar y un efecto satisfactorio ante los logros conquistados. Sin metas claras basadas en valores, es difícil afrontar las dificultades que se presenten en el trayecto y desplegar los recursos necesarios para sobreponernos.

Paso 3. Conocer nuestra realidad actual, tanto interna como externa

Para alcanzar nuestras metas tenemos que conocer nuestro punto de partida. Identificar el territorio que atravesaremos y las herramientas con las que contamos para el recorrido aumentará nuestra posibilidad de logro. Por tanto, insistimos en la necesidad de alinear nuestras aspiraciones a las circunstancias y posibilidades reales como requisito fundamental en la construcción de un proyecto de vida. Todas las personas tenemos un conjunto de fortalezas y debilidades que entrarán en juego en nuestro actuar y reconocerlas nos hace conscientes de nuestros puntos fuertes para afrontar y acometer y de nuestro tendón de Aquiles a atender para que no se convierta en un impedimento para conquistar nuestras metas.

Además del autoconocimiento hemos de tener claro el mapa del territorio que recorreremos; es decir, la situación en la que nos encontramos, el contexto y las circunstancias puntuales que nos condicionan. Esto incluye las oportunidades y las limitaciones del ambiente que nos rodea, desde la familia, hasta nuestro momento laboral, pasando por nuestra comunidad y nuestro país. Somos seres sociales y el contexto nos provee de recursos: materiales, sociales, incluso emocionales.

Una vez conscientes de nuestra realidad interna y externa nos prepararemos para la acción.

Paso 4. Definir planes de acción para cada una de nuestras metas

Una vez identificados los anhelos y valores que nos motivan, habiendo planteado las metas que queremos alcanzar y teniendo claro nuestros condicionamientos internos y externos, estamos listos para definir los pasos que debemos dar para iniciar el trayecto.

Es importante desglosar nuestras metas a largo plazo en objetivos a mediano y corto plazos. De esta manera, podremos identificar los recursos concretos que hemos de tener para lograrlas. Entre los recursos que necesitaremos hemos de incluir los hábitos, destrezas, competencias y conocimientos que nos faciliten dar los primeros pasos y luego sostener el esfuerzo que se necesitará a lo largo del camino. Los objetivos a mediano y corto plazos son una especie de andamiaje que nos permitirá acercarnos a nuestras metas vitales. Estos objetivos intermedios implican planes de acción concretos que nos clarificarán la ruta, los tiempos y los recursos necesarios para emprender el trayecto. No tenemos control de todo, pero sí requerimos de una ruta para iniciar el viaje, aun cuando ésta será revisada y replanteada a lo largo del camino.

Paso 5. Tomar acción y aprender de la experiencia

A caminar se aprende caminando, así que ninguna planeación es suficiente si no actuamos. El llevar a la práctica lo planeado, con la mirada puesta en metas claras y la motivación apoyada en los valores personales, es el paso último para desplegar el proyecto de vida personal.

Pero, por más que hayamos preparado el viaje, habrá cosas que redefiniremos durante el trayecto y que replantearemos desde la experiencia. Seguramente habrá cambios, errores y ambivalencia, todo es parte del aprendizaje y del crecimiento mismo. Una cosa es el mapa que diseñamos para ubicarnos, pero otra el territorio que estamos recorriendo. Incluso los valores que nos motivaban en un inicio pueden tomar mayor o menor relevancia durante el caminar; habrá por tanto que replantear metas y redireccionar la ruta.

La experiencia misma de levantar nuestro proyecto de vida nos construye a nosotros mismos. Además, nuestro contexto está en un constante fluir y nos impacta al tiempo que nosotros generamos impacto en él. Todo esto lo notaremos, lo aprenderemos y lo modificaremos mientras continuamos caminando, replanteando, acometiendo, obteniendo logros y asimilando la experiencia. Todo este proceso es ya enriquecedor y generará significado, satisfacción, agencia personal y sentido de logro.

Ahora bien, no podemos olvidar que nos construimos con los otros y por los otros. Esto no significa que estemos permanentemente rodeados de gente, pero sí que nuestro quehacer en la vida contemple que somos una comunidad. Más allá de nosotros hay un otro —amoroso o no— a quien nuestro transitar impactará en su vida y cuyo estar en el mundo nos construye y nos influencia.

Lograr adaptarnos a estas nuevas realidades de manera adulta, al tiempo que impulsamos nuestra transformación y crecimiento personal para y a través de un proyecto personal que dé sentido a nuestra existencia, requiere hoy más que nunca de una serie de competencias que quizás antaño se daban por sentadas. Los malestares relacionales y los desencantos amorosos demandan de nosotros diversas estrategias que nos permitan construir una confianza básica en la vida y un sistema de apoyo en nuestro diario acontecer. Exigen, además, una capacidad de recuperación sostenida y sostenible para continuar nuestro trayecto, la construcción de redes comunitarias que nos den sentido de pertenencia y contención, el desarrollo de habilidades particulares que nos faciliten la construcción de vínculos amorosos o amistosos que formen parte de nuestra vida y la habilidad de elegir relaciones oportunas, constructivas y entrañables con otros —ya sean eróticas o no—; todas ellas tareas de cualquiera que se jacte de ser un habitante hecho y derecho del siglo XXI.

Redes de apoyo

Si bien nuestro proyecto de vida personal nos atañe en lo individual, somos seres sociales, y parte de nuestra construcción —y por tanto, de nuestra satisfacción— tiene que ver con nuestra naturaleza gregaria. Vivir en aislamiento será más vocación de un ermitaño o un asceta, no de una persona que busca construirse en relación con quienes le rodean. Por ello, si vivir en un mundo más individualizado pone a la vista de todos la posibilidad de cultivar una mayor autonomía y un grado hasta antes desconocido de libertad, esto no significa que nuestra naturaleza gregaria no siga clamando por alguna compañía, por necesidad de contacto, de intercambio, incluso por deseo de piel.

Cultivar amistades sólidas es un recurso para alimentar esta necesidad ya que, además de alimentar nuestra naturaleza social, es una buena forma de superar la tristeza de las separaciones y, en general, las adversidades que nos presenta la vida. Sin embargo, contradictoriamente, a veces nos concentramos tanto en buscar una pareja que descuidamos las redes amistosas. Esto le ocurrió a Norma —como a muchas personas en su matrimonio—: bajo una idea romántica de la pareja fue cortando sus amistades para buscar que la entrega y dedicación total del uno al otro les diera la felicidad. El resultado fue que al término de su relación se quedó muy sola y con falta de entrenamiento para relacionarse con distintas personas; es decir, empobrecida socialmente.

Además de casos como el de Norma, hay otras maneras en que limitamos nuestras habilidades de socialización. Cuando somos muy jóvenes —antes de lograr la autonomía de la familia de origen y de nuestro grupo de pares— y buscamos nuevos amigos —o incluso pareja— hemos de pasar por una especie de ritual, en el que primero los amigos tienen que aprobar al nuevo integrante del grupo o al futuro compañero. Si el candidato pasa esta primera evaluación, lo presentamos en casa, donde la familia es la que le da el visto bueno.

Todo este proceso está permeado por los prejuicios de amigos y familiares, de modo que en el fondo acabamos relacionándonos, incluso casándonos, con alguien que es aprobado y hasta cierto punto escogido por los demás. En estos momentos de cambio y transformaciones profundas es importante cuestionar los prejuicios que tenemos con la finalidad de lograr una red más amplia y diversa de amigos. Así, no dejaremos que la discriminación afecte nuestras oportunidades de construir nuevas relaciones, vastas y enriquecedoras.

Al ir contra los estereotipos que los individuos construimos acerca de los otros y que aprendemos socialmente —trasmitidos de generación en generación— vamos más allá de estas preconcepciones siempre incompletas y limitadas. También combatimos prejuicios y sus consiguientes juicios que bloquean nuestra capacidad crítica y nos llevan a tener actitudes cerradas e incluso intolerantes.

Es importante señalar que muchos entramos en contacto con los nuevos paradigmas amorosos tras un divorcio o una separación. Es el quiebre con una pareja el momento en el cual —quizá por primera vez en la vida— tenemos la posibilidad de cuestionar los estereotipos que nos rigen, de desafiar algunos prejuicios y, de ese modo, elegir a las personas de quienes queremos rodearnos. Construir una red social que funcione como sistema de apoyo por medio de un grupo de amigos seguramente acortará el tiempo de la crisis y aligerará nuestras cargas. Estos esfuerzos nos permitirán ampliar en calidad y cantidad nuestro círculo de amistades, encontrar nuevos amigos y formar redes para salir de la soledad, así como muchos otros beneficios:

- Correr menos riesgo de morir prematuramente.
- Poseer un sistema inmunológico más fuerte.
- Gozar de mejor salud mental.
- Vivir más y con mejor calidad de vida.
- Atravesar mejor los problemas.
- Sufrir menos depresión.
- Aprender a relacionarnos más y mejor.
- Observar cómo influye el otro en la definición de nuestra identidad.
- Facilitar nuestra conexión e interrelación con los demás.
- Contar con un ambiente de libertad.
- Experimentar un espacio de aceptación y respeto.
- Crear una comunidad que nos dé sentido de identidad aminorando el sobrepeso puesto en la pareja para lograr esta finalidad.

Estas redes, como contención en tiempos de adversidades, acompañamiento de la vida cotidiana y círculos de disfrute, también —para *hobbies*, vacaciones, charlas de café y práctica de deportes— garantizarán que tendremos compañía aun cuando no estemos en pareja.

Es importante tomar en cuenta que consolidar una amistad requiere cultivarla cuidadosamente: intercambiar afecto, simpatía, confianza y discreción, así como tener un interés genuino por el otro que se prolongue en el tiempo. Es por esto que las amistades sólidas no se logran de la noche a la mañana. No todos somos "socialitos", pero todos somos sociales: cada persona tiene una necesidad diferente en cuanto inversión de tiempo, cantidad de relaciones e implicación emocional, pero eso no descarta que, de diferente forma, todos requerimos de vínculos que nos den contención física y afectiva, así como espacios de diversión.

Construir amistades implica intercambiar, un ir y venir de intereses y gustos, una apertura ante el otro, un genuino interés en la vida de los demás. Construir amistades supone saber que nunca seremos del todo complacidos por los demás, que habremos de pedir lo que necesitemos y que también habremos de brindar nuestro apoyo a los demás. Estos lazos de contención y acompañamiento dan sentido y sabor, seguridad y aventura a la propia vida.

Camilo tiene 36 años y está de regreso a la Ciudad de México tras vivir en Veracruz durante cuatro años, donde trabajó en un proyecto periodístico que le asignó la editorial en la que colabora. Durante su estancia allá conoció a Gabriela e iniciaron una relación de pareja. El trabajo y el romance lo llevó a encerrarse en un ciclo pareja-trabajo que le parecía suficiente y se desconectó de sus amigos en la capital, quienes en un principio lo buscaban pero luego dejaron de insistir.

Un buen día, inesperadamente, descubrió que Gabriela tenía sus "queveres" con uno de sus compañeros de trabajo, y escudriñando el asunto constató que dicha relación era con alguien con quien ella había sostenido un antiguo amorío que nunca acabó por cerrar del todo. El impacto del descubrimiento lo hizo tomar la decisión de regresar a la Ciudad de México. A su llegada tuvo un primer impulso de meterse a alguna red de encuentros amorosos y empezar a salir con chicas para iniciar una nueva relación, pero una noche vio una foto de su grupo de amigos del dominó en Facebook y, tras dejar un like, *decidió organizar una reunión.*

Luego de tal encuentro, donde sus amigos entre chiste y broma le reclamaban su desaparición, retomó los jueves de dominó. Para una de esas reuniones, su amigo Ramón, que vivía relativamente cerca, le pidió que se fueran juntos porque no se sentía muy bien para conducir. Cuál fue la sorpresa de Camilo al escuchar que Ramón, en cuanto subió a su coche, le dijo: "Estoy de la fregada y te quiero compartir una desilusión". Así se arrancó Ramón durante el trayecto a contarle que acababa de descubrir la infidelidad de su esposa Josefa, e incluso con un quiebre de voz le comentó el desencanto, rabia y miedo que estaba atravesando. Camilo, sorprendido por esa apertura, revivió su propia experiencia y, sin pensarlo mucho, también se abrió con su amigo. Decidieron no ir al dominó para cenar juntos y poder conversar sin precipitación.

Camilo regresó a su casa con una experiencia de contención y acompañamiento que sólo había recibido de sus parejas, jamás de un amigo, entre los que imperaba el entendido de que los problemas sentimentales eran asuntos de cada quien. La satisfacción que experimentó de escuchar y ser escuchado lo llevó a acercarse no sólo a su familia, sino a amigos de antaño y colegas que le resultaban interesantes y buena compañía. Así, Camilo fue enriqueciendo su vida con encuentros que sumaban a su existencia en diversión, expansión y —algo que nunca había experimentado— contención.

Eso que llaman madurez.

En este vertiginoso siglo XXI —afortunadamente— muchísimas personas alcanzan la mayoría de edad, y aún mucho más, pero pocos —desafortunadamente— llegan a alcanzar la madurez personal. Por tanto, es importante preguntarnos si ¿se puede conquistar el bienestar sin un grado suficiente de sensatez y experiencia? ¿Cómo encontrar un buen amor si no nos hemos consolidado como personas adultas? A amar se aprende amando, sí, pero en una época convulsa y con infinidad de interrogaciones hemos de fincar en nosotros mismos una base segura, eficaz y cómoda de habitar.

El momento histórico en el que hoy adquirimos por edad el estatus de adultos es muy distinto al que les tocó vivir a nuestros abuelos. Nuestros ancestros vivieron la presión y las carencias de una época en que se imponían normas rígidas y en la que el afecto de los padres era poco cálido y expresivo. Pero ¿será más oportuno para madurar el esquema relacional de las familias del presente y la estructura general del mundo actual? Con la mejor de las intenciones se ha intentado compensar lo que faltó y sobró del pasado, pero esto nos ha llevado a caer en un extremo que dificulta el crecimiento personal de las nuevas generaciones.

Empecemos por entender ¿qué es la madurez? La persona madura, en términos generales, es aquella que:

- Logra armonizar su actuar con sus procesos reflexivos.
- Tiene la capacidad de autocriticarse para mejorarse.
- Trabaja por comprenderse y aceptarse a sí misma.
- Trabaja por comprender y aceptar al mundo que la rodea.
- Tolera, en términos generales, la frustración.
- Puede postergar la gratificación hedónica inmediata.
- Desarrolla la resistencia necesaria para atravesar el sufrimiento propio de la vida.
- Adopta una posición propositiva y activa en la construcción de su vida.

Antoni Bolinches —pedagogo, sexólogo y terapeuta español— define la madurez como la capacidad de superar con éxito los problemas y dificultades que se nos presentan en los distintos ámbitos de la vida cotidiana y de aprender del fracaso. Ocurre que nadie nace maduro, todos empezamos la vida teniendo un carácter más o menos inmaduro o reprimido; por tanto, la madurez es la consecuencia de un proceso de evolución. Pero evolucionar no es cuestión sólo de tiempo y menos de suerte, es el efecto de un persistente esfuerzo de desarrollo en el que las malas experiencias de la vida se asimilan bien y, por tanto, aportan crecimiento. Entonces, no es que resolvamos nuestros problemas porque somos maduros, sino que maduramos con el aprendizaje que nos aporta la resolución de las situaciones que afrontamos. Visto desde este ángulo, la madurez —evolutivamente hablando— no es más que la superación de la inmadurez, y esta premisa aplica a los procesos amorosos también, lo cual incluye, como hemos dicho de sobra en este libro, transitar del amor idealizado al amor posible y real.

Expliquemos este proceso a profundidad: la mayoría de las personas vivenciamos en la infancia y en la adolescencia algunas experiencias que, de una u otra manera, nos lastiman psicológicamente. Estas vivencias, sean amorosas o no, tienden a agudizarse en la primera juventud para superarse —o bien cronificarse— a partir de los 30 años, según la capacidad de la persona de gestionarlas oportuna y constructivamente. Si el sujeto implicado tiene la capacidad de autocriticarse, entender lo que le ocurrió y tomar cartas en el asunto, irá madurando. Pero si, lejos de utilizar su energía para superarse, culpa a los demás, se victimiza y no toma las riendas de su vida, se neurotizará, cronificando sus problemas infantiles en laberintos adultos sin salida. Las circunstancias nos condicionan, pero no nos determinan: siempre existe un espacio para el ejercicio de la libertad, de manera que lo que nos ha tocado vivir pueda ser reinterpretado, aceptado, manejado, transformado, superado e incluso aprovechado.

Todo este planteamiento resulta muy atractivo, pero entonces ¿cómo es que nuestra sociedad se caracteriza por propiciar la existencia de infinidad de sujetos poco comprometidos, bastante desorientados y muy dedicados al hedonismo banal tan propio de la inmadurez? Existen factores puntuales que han preparado el caldo de cultivo donde se gesta la personalidad inmadura de la actualidad. Podríamos mencionar básicamente:

- La "felicidad consumista" que propicia el sistema capitalista. En la escala de valores sociales, el consumismo hedonista —con todo y su decepcionante escala— es el principal referente de la felicidad. Consumir cosas —incluso personas— que nos den placer es la promesa de la felicidad, sobre todo con la encomienda de que ese placer se alcance sin realizar un esfuerzo considerable. Ambas conductas son características del comportamiento infantil.
- La Segunda Guerra Mundial, la protesta de la Guerra de Vietnam y la revuelta del Mayo Francés tuvieron como efecto una juventud que pedía más libertad, más sexo y menos guerras. Pero la sintomatología puntual de un limitado grupo de jóvenes del pasado se ha convertido en un perfil normativo de la juventud actual a través de la acción concreta de tres puntales educativos: la familia, la escuela y los medios de comunicación. Estos sistemas tienden a boicotear una sana disciplina mediante la promoción de ambientes laxos que favorecen el consumo y la cultura del no esfuerzo.
- Las exigencias de la vida laboral hacen que un considerable grupo de padres dedique menos tiempo a los

hijos y que éste sea de menor calidad. Esto genera un déficit afectivo.

- La infinidad de recursos audiovisuales que permite a los niños y jóvenes enajenarse de la realidad construyendo un mundo virtual propio y a su medida.

Estos cambios sociales dieron pie a lo que el psicólogo Dan Kiley llamó el síndrome de Peter Pan. Si bien en su libro del mismo nombre hacía referencia a las conductas de varones que "se niegan a crecer", bien podemos extrapolarlo a comportamientos inmaduros en ambos sexos que se caracterizan por:

- Parálisis emocional. Falta de coherencia entre lo vivido y lo expresado. Las emociones se atrofian, no se expresan en la misma forma que se experimentan. La ira, a menudo, se presenta como un acceso de furia; la alegría toma forma de histeria; y el desencanto se convierte en autocompasión. La tristeza puede manifestarse como alegría forzada, travesura infantil, melancolía exagerada o risa nerviosa.
- Falta de voluntad y perseverancia. Se postergan las cosas hasta que se está absolutamente obligado a hacerlas. "No sé", "no es mi problema" y "no me importa" se convierten en el escudo contra las críticas.
- Falta de dirección. Ocurre debido a objetivos contradictorios y mal definidos, principalmente por posponer la tarea de pensar en ellos.
- Impotencia social. Que se evidencia en la dificultad para hacer verdaderos amigos.
- Impulsividad. Los impulsos tienen prioridad sobre un auténtico sentido de lo correcto y lo incorrecto.
- Pensamiento mágico. La magia mental impide admitir sinceramente las equivocaciones y resulta imposible

decir "lo siento", o pedir perdón. "Si no pienso en ello, desaparecerá", "si pienso que será diferente, lo será" son ideas que prevalecen.

Sin pretender generar una tónica moralista sino descriptiva, hemos de asumir que todos estos comportamientos inmaduros desembocan en la dificultad que implica aceptar la responsabilidad de ser adultos, prefiriendo un infantilismo psicológico que exonera de la pesada carga de asumir deberes.

Además del temor al compromiso emocional —por el temor a sufrir—, también escasea la fuerza de voluntad necesaria para actuar responsablemente en las demás facetas de la vida, lo cual dificulta la realización de cualquier tarea que precise esfuerzo y perseverancia. Y eso aplica también —sin por eso excluir todos los factores sociales, económicos y políticos en juego— a la labor de consolidar intercambios eróticos que nos aporten experiencia, placer, aprendizaje y, más aún, relaciones amorosas de buena calidad y suficiente duración.

Atreverse a recorrer cabalmente el proceso hacia la madurez generará en nosotros el desarrollo de los siguientes atributos:

- Autonomía. Elegir desde nuestro propio pensar sin por eso dejar de tomar en cuenta lo que el entorno señala.
- Adaptabilidad. Que nos permite sentirnos cómodos en diversas situaciones y con distintas personas.
- Coherencia. Para gestionar nuestras contradicciones internas y así aumentar la propia seguridad.
- Responsabilidad. Para adoptar compromisos y asumir las consecuencias de nuestros actos.
- Seguridad. La solidez que aportan los rasgos anteriores nos permite desarrollar un comportamiento estable,

fiable y previsible. Además, la seguridad adquirida nos facilitará asimilar los éxitos y los fracasos sin que nos afecten en exceso.

Pero ¿cómo impulsar el proceso de maduración? La evolución personal se logra por medio del desarrollo de los atributos personales en la edad adulta. El mejor momento para crecer psicológicamente es cuando dejamos de crecer físicamente: ahí queda establecida nuestra imagen adulta y podemos empezar a desarrollar nuestros recursos para mejorarnos como personas. La necesidad de mejorar se siente en mayor o menor grado en la inmensa mayoría de las personas: todo el mundo tiene cierta conciencia de imperfección y suficiente intuición para entender que siempre es posible superarse en algo. El tema es ¿cómo respondemos a este llamado?

El proceso de maduración se activa a voluntad: requiere inevitablemente de un esfuerzo necesario para llevarlo a cabo. No es suficiente saber mucho, leer todo o investigar de más si no se activan los mecanismos necesarios para echar a andar el crecimiento personal. Por eso es importante iniciar con propósitos asequibles, acciones concretas por pequeñas que parezcan: ¿caminar 10 minutos diarios? ¿Hacer tres llamadas telefónicas relevantes a la semana? ¿Terminar un trámite inconcluso? Al acometerlos, y experimentar con ello la sensación de pequeño logro que produce la consecución de los mismos, se va ejercitando la voluntad de a poco, pero se persevera, y eso nos permitirá plantearnos retos mayores. ¡Nadie corre un maratón por tan sólo haberlo decidido! La práctica y el entrenamiento constante aumentan la propia condición. El triángulo de la transformación —acción-experiencia-narración— que describimos como desencadenante del cambio aplica indudablemente en el proceso de maduración personal.

Ayuda sin duda empeñarnos en realizar día con día conductas sostenidas de autovalidación. Éstas se refieren a cualquier comportamiento (experiencia, narración o acción) que despierte un sentimiento de congruencia personal porque ayuda, a quien lo realiza, a ser como quiere ser y a ir hacia donde quiere ir. Las conductas de autovalidación pueden ir desde hacer una llamada telefónica a un médico o la elaboración de un currículo personal, hasta la experiencia de terminar una relación destructiva. A más conductas de autovalidación mayor mejora, más gusto por sí mismo y más autorrealización. Pequeñas conductas sostenidas en el tiempo nos llevarán a destinos diferentes; de paso en paso se recorrerán territorios inmensos.

Esta práctica nos convertirá en maestros de nosotros mismos, nos orientará hacia donde nos conviene y generará una alegría interior por sabernos constructores activos de nuestro destino. Así veremos que pocas cosas provocan esa recóndita recompensa que genera la sensación de que la vida tiene significado y de que somos actores activos en nuestra propia vida.

Con un amor o con varios, en un modelo amoroso o en otro, las elecciones, los compromisos y las decisiones serán más fáciles si contamos con un grado suficiente de autonomía para sostenernos por nosotros mismos, emocional y económicamente, si tomamos responsabilidad por nuestra vida y si somos coherentes con lo que pensamos y queremos. Del mismo modo, las decepciones amorosas, los sinsabores eróticos y los fracasos relacionales serán más manejables y menos catastróficos si contamos con la determinación de aceptar lo ocurrido, de "tomar la vida por los cuernos", de aprender de las experiencias y continuar con nuestro proyecto personal. Y bueno, cómo explicar que un buen amor se construye mejor desde la madurez y no desde la infantilización.

Capítulo 6

NAVEGANDO LA INCERTIDUMBRE AMOROSA

Una ética para los nuevos modelos amorosos

La manera versátil y cambiante de vivir la sexualidad y el amor deja de ser hoy una etapa previa a algo (¿matrimonio?) para convertirse en una elección de vida merecedora de la atención y el respeto de aquellos quienes no la conciben como opción en su existir. De hecho, las personas que eligen estilos amorosos más conservadores comienzan con dificultad a entender que los nuevos planteamientos relacionales no son, necesariamente, ni inmaduros, ni egoístas, ni inmorales, ni perversos. Esta reflexión es frecuentemente el resultado de algún familiar cercano que ha tomado este tipo de decisiones, o bien, porque visualizan que ellos mismos en algún punto de su vida podrían terminar su actual relación y tendrían que ponerse en zapatos ajenos al menos por una vez.

Por tanto, es importante hablar de ética, aun cuando hoy en día la idea misma puede despertar cierta incomodidad y, ¿por qué no decirlo?, cierta apatía. Se tiene la idea de que la ética es un tema fuertemente ligado a patrones sociales conservadores o religiosos. Particularmente en nuestra era, donde lo que predomina es la libertad y la individualidad pareciera que basta con que cada uno tenga claro lo que quiere y necesita para poder lanzarse a la conquista de su objetivo. Sin embargo, el estudio de la ética nos permite generar ciertas bases para contener y experimentar nuevas experiencias erótico-afectivas en un contexto de cuidado y responsabilidad.

En este sentido, la apertura de opciones no tendría por qué ser sinónimo de una vida sin sentido y, menos aún, de una vida banal, sin referente y desordenada. El vacío existencial, la carencia de brújula, los excesos y desatinos, pueden ser elementos en la vida de cualquier hombre o mujer, más allá de sus prácticas erótico-amorosas. Por ello, vivir bajo normas morales que incluyan valores tendrá importancia siempre que éstos fomenten la dignidad humana (y de otras especies) tanto para el individuo que los practica como para la sociedad que le rodea, independientemente del esquema de convivencia de cada uno. Así que, si en el caso de las nuevas geografías amorosas el eje de estos valores es la promoción de una vida digna, poco importa que los testigos —impregnados de prejuicios y temores— invaliden las conductas practicadas en aras de una falsa moralidad.

En este sentido, es un asunto de todos el enfrentarnos a nuestras pasiones cada día, y quizás el deseo sexual y la vehemencia amorosa sean de las más intensas, indomables y persistentes. Pero, aun así, hemos de gestionar nuestros deseos y manejar nuestros impulsos. Somos seres sociales y, en el caso que nos ocupa, estamos además abriendo brecha. Por tanto, reflexionar sobre los valores que enmarcarán nuestro actuar al vivir distintas experiencias erótico-amorosas —para honrar nuestra condición de seres sociales— ha de ser nuestra estrategia de acción.

La intención es crear —o al menos dar idea de— una ética que encarne estas nuevas elecciones, que nos permita cuidar de uno mismo y de otros. Una ética que cuestiona la asociación exclusiva de la vida matrimonial con valores como la lealtad, la visión a futuro, la solidaridad, el servicio, el respeto, el compromiso y el trabajo en equipo. ¿Por qué pensar que una persona que no opta por el camino matrimonial, incluso una persona que se pronuncia como soltera, no habría de saber sobre lealtad y cooperación? Pensemos, entonces, si podemos hablar de una ética para vivir, practicar y experimentar las nuevas geografías erótico-afectivas.

Una ética para los amores posmodernos

Así como, en términos generales, de las personas casadas se suele esperar cooperación, visión a futuro, tolerancia a la frustración y un marcado instinto de cuidado y cariño, dada su condición de legalidad —y en ocasiones de sacralidad del vínculo—, de quienes se encuentran y se aman bajo otros esquemas es importante esperar conductas similares. De hecho, muchas personas que no están casadas, que nunca lo han estado y que quizá no lo estarán (sin importar las razones) forman parte de grupos extensos que sostienen —en diferente grado y bajo distintos esquemas— relaciones erótico-afectivas en las que el mutuo cuidado y la comprensión salen a relucir constantemente. Estas personas saben ser cooperativas, responsables y respetuosas, sin importar si tienen un papel que explicite su acuerdo relacional o si tienen o no hijos. Sin embargo, es común etiquetar a quienes viven estos esquemas como personas con tendencias a la promiscuidad.

Ocurre que estar comprometido en una relación monógama puede traer grandes placeres y experiencias —por la seguridad y la confianza que esto puede implicar—, pero las variantes a este tipo de compromiso permiten a los individuos conocer mejor sus preferencias, abriendo su mente a nuevas experiencias, sin que por ello se deje de lado el cuidado personal y la responsabilidad tanto en lo físico como en lo emocional. De hecho, una sexualidad abierta y libre no es, necesariamente, sinónimo de actitudes irresponsables o compulsivas, pero sí de una preferencia por la aceptación del juego, el goce y la experimentación, que del apego al deber y a la tradición.

Debe quedar claro, sin embargo, que no es la intención de estas líneas elevar un elogio ciego para quienes se adhieren a las nuevas geografías amorosas. Es evidente que existen personas que viven estos nuevos territorios de un modo desafortunado, ya sea por inexperiencia, por un carácter egoísta y mezquino que sólo busca el propio placer o bien por un abuso de poder —sutil o explícito— en los intercambios que realizan. Pero existen personas casadas que con esas mismas características lastiman a sus allegados —hijos, pareja—, a quienes supuestamente deberían procurar, cuidar y amar de manera altruista y responsable.

No hay que olvidar que todos buscamos tener una vida digna y, en muchas ocasiones, se elige y se abraza un estado civil buscando precisamente eso. Algunos deciden casarse o divorciarse porque con ello creen que tendrán una vida más feliz, más plena, más digna y placentera. Algunos deciden permanecer solteros. En ocasiones, habiendo transitado de un matrimonio a una separación se inicia la incursión de nuevos modelos más acordes a las necesidades y circunstancias del momento y a los tiempos que corren en la actualidad. El dinamismo que se vive es real, incierto pero también gozoso y, sin duda, con sus riesgos y dolores. A lo largo de nuestra existencia estas experiencias nos llevarán a diferentes situaciones que debemos enfrentar lo más responsablemente posible.

Además, repensar los nuevos modelos amorosos desde la perspectiva ética es necesario en dos vertientes:

- Por un lado, para dignificar esta forma de vida como válida, deseable y constructiva.
- Por el otro, para plantear ciertos lineamientos que tomen en cuenta los efectos de estas experiencias en quienes participen en ellas.

El ABC de una ética "promiscua"

Todas estas prácticas, si bien pueden ser vividas desde el derecho y la libertad, también requieren una perspectiva que nos marque algunos lineamientos para cuidarnos y cuidar de otros. Experimentar en el territorio sexual y amoroso no nos hace menos éticos. Sin embargo, el genuino deseo de tratar bien a los demás y de no herir a nadie nos hace pensar que bastan las buenas intenciones para que marchen estos nuevos modelos, pero no es así. La misma novedad y ambivalencia de estos repertorios erótico-afectivos nos obliga a repensar el impacto moral de nuestras acciones y los valores a aplicar.

Sobra decir que practicar los nuevos modelos amorosos no significa hacer lo que nos plazca, cuando nos apetezca y con quien se nos antoje. Habrá que cuestionarnos antes: ¿qué riesgos se corren? ¿A quién afectan más? ¿Todos los involucrados conocen los riesgos? ¿Se está previendo atenuar los peligros? ¿Alguien puede salir lastimado? ¿Hay forma de evitar el daño? ¿Quién tiene más poder de cualquier tipo en este intercambio? (poder de inteligencia, de gestión, de experiencia, de claridad, incluso de involucramiento amoroso).

Por otro lado, hay que ver no sólo las contingencias que puede haber en la práctica sino también revisar si sus efectos aportan o suman más de lo que a veces pueden arriesgar: ¿es placentero? ¿Todos se benefician de tal práctica? ¿Resulta divertido? ¿Genera aprendizaje en quienes participan?

¿El ejercicio de estas libertades impulsa el desarrollo de los involucrados? ¿Es oportuno y constructivo?

Para ello es importante revisar nuestro comportamiento a partir de las siguientes variables:

- **Una persona es una unidad sexual y afectiva completa.** Esa integridad personal desde nuestro yo genera una relación satisfactoria con uno mismo y nos permite compartirnos con los demás. No necesitamos de otros para completarnos, pero gustamos de ellos para acompañarnos y disfrutar.
- **El otro es un sujeto no un objeto.** La persona con quienes nos involucramos —incluso la o las parejas con las que convivimos en estas relaciones erótico-afectivas— no son objetos de uso y abuso para nuestro deleite y placer, sino sujetos con quienes nos compartimos.
- **Todo en consenso.** No abusamos, engañamos, manipulamos, chantajeamos ni mentimos al otro, tampoco ignoramos sus necesidades. Todos los involucrados estamos de acuerdo en lo que estamos viviendo o vamos a vivir. Cuando alguien no tiene seguridad de participar o de cómo se está sintiendo, le preguntamos, lo consideramos, lo acompañamos.
- **Visibilizamos el poder.** No es algo palpable, no es un objeto, es una relación entre individuos (y entre instituciones también). Las relaciones de poder nos son inmanentes, pues son el resultado inmediato de compartir, de las desigualdades y del desequilibrio que se producen cuando coincidimos. En las dinámicas de poder prevalece una estructura jerárquica donde un individuo lo ejerce mientras otro se somete a él. Este sometimiento puede ser a partir de un acuerdo mutuo (como las relaciones sadomasoquistas) o como resultado de diversas condiciones: la raza, el sexo, la posición socioeconómica,

el nivel cultural, la edad, la belleza física, etcétera. Incluso en los territorios amorosos también se juega la experiencia previa y quién está más o menos enamorado en los intercambios. Por tanto, este poder genera privilegios o ventajas, y quien tiene más poder, por la razón que sea, siempre tiene más responsabilidad. Sobra decir que quien está menos enamorado es quien tiene más poder, y, por tanto, también mayor responsabilidad.

- **Somos responsables.** Asumimos nuestro poder y junto con él, las decisiones que tomamos y las consecuencias de nuestras acciones, para con nosotros y para con los demás, ya sea en el ámbito sexual, emocional, económico o social. Nos comprometemos a revisar nuestra educación, nuestras emociones y a acompañarnos conscientemente para desenmarañar en lo posible los malestares y contradicciones producto de nuestras decisiones y acciones.
- **Buscamos la proactividad.** Todos los que participamos buscamos de manera colaborativa beneficio, placer y bienestar de todos los involucrados. No somos seres pasivos confiando que los acuerdos funcionen por sí solos, sino agentes activos que promovemos y cuidamos el equilibrio y bienestar de todos.
- **Ejercemos la honestidad.** Nos comprometemos a entender nuestros deseos, motivaciones, temores y emociones personales, y estamos dispuestos a cuestionarlos, así como a compartirlos —cuando es necesario— con los demás. Entendemos la importancia de ser claros con nosotros mismos y con los otros. Nuestros temores y nuestra timidez no han de coartar nuestra honestidad, pues confiamos en que estamos relacionándonos con pares que nos entenderán, respetarán e incluso amarán.
- **Distinguimos la sinceridad de la verdad a rajatabla.** Somos sinceros pero sensatos: existen contradicciones internas

y detalles íntimos que no tienen que ser comunicados necesariamente, por derecho propio a nuestra privacidad e incluso por cuidado a los demás. Pero distinguir esta línea sin ventajismos ni autoengaño requiere madurez y un buen manejo de la incertidumbre.

- **Reconocemos límites.** Entre lo que podemos controlar y lo que no. A veces habrá celos —es inevitable experimentar incertidumbre— y hemos de responsabilizarnos de estos sentimientos sin culpar o querer controlar a los demás. Es mejor pedir apoyo para disipar el malestar y recuperar cierta seguridad.
- **No somos egoístas.** En una cultura que sacraliza y ve con superioridad moral a quien se sacrifica o renuncia, es fácil sentirse inmaduro, sucio, incluso pecador, por satisfacer anhelos e inquietudes. Nosotros honramos nuestros apetitos eróticos y amorosos, gustamos de nuestros cuerpos y del cuerpo de los otros con madurez y responsabilidad, disfrutamos del placer y honramos nuestros deseos. Palabras como *promiscuidad, degeneración, improductividad, hedonismo, perversión* y *decadencia* no han de contaminar nuestro actuar.
- **Valoramos el placer por sí mismo.** Más allá de todos los beneficios saludables por los que se recomienda una vida sexual activa, tenemos derecho a saber que una razón válida para tener sexo es el placer. Este objetivo es suficiente y valioso en sí mismo. Podemos vivir con alegría el erotismo como fuente de salud, autoestima, ejercicio de la libertad y vinculación humanas.
- **No necesitamos justificarnos de más.** No es necesario encontrar grandes razones para vivir responsablemente estas pasiones. El sexo es bueno, el placer también. Si se transforma en afecto, qué bueno, y si evoluciona en amor, también. No se necesita de grandes tratados para desear y vivir las nuevas geografías amorosas. Todo lo

bueno puede ser mal usado, no sólo el sexo: el chocolate y un coche también.

- **Buscamos el amor, pero si no lo encontramos no por ello hemos fracasado.** Una relación puede ser valiosa por muchas razones, desde proporcionar placer, generar aprendizaje, intimidad, compañía, conexión, estímulo, afecto, hasta llegar al amor. Los nuevos modelos amorosos generan vínculos —como pareja sexual, como amantes, como amigovios, etcétera— porque somos sujetos en relación.
- **Valoramos el tiempo, pero éste no es el eje de la relación.** Si bien podemos desear amores largos y relaciones largas, la duración no es el único criterio para juzgar el éxito de un intercambio erótico-afectivo. Hay encuentros de una sola noche que dejan huella toda la vida, y que enriquecen como los amores que duran de por vida. Ambos tienen el potencial de conmocionarnos, emocionarnos, motivarnos, enseñarnos y beneficiarnos.
- **La abundancia erótico-amorosa es ilimitada.** Nuestros recursos para el sexo y el amor, para la intimidad y la conexión, para el intercambio y el placer, son infinitos. Por eso dar no nos resta, nos suma. No vivimos en la economía de la escasez amorosa y, por tanto, no buscamos la posesión del otro ni la clausura de nuestro ser para una sola persona.
- **Reconocemos los límites externos.** El mundo real impone restricciones: por tiempo, recursos económicos, distancias y espacios. De ahí la importancia de gestionar los límites que la realidad impone con lo ilimitado de nuestros deseos, del sexo y del amor.
- **La apertura genera nuevos retos, pero las relaciones cerradas generan muchas represiones.** Abrirse a nuevos modelos amorosos parece un problema, pero puede ser una solución. Pareciera que hacer más ejercicio fortalece,

¿no? ¿Por qué explorar nuevos comportamientos relacionales no sería una puerta de bienestar, encuentro, placer e intimidad?

• Practicamos la transgresión como recurso de transformación. Al ir contra los discursos dominantes del "deber" amoroso y sexual estamos resistiendo una cultura puritana, patriarcal y consumista. Lo privado es político, así, nuestros comportamientos íntimos son punta de lanza para una sociedad más respetuosa, a favor de las diferencias amorosas y en contra del constreñimiento sexual y relacional.

Al incursionar en distintas posibilidades de relación —convencional o no— habrá que tener un sentido básico de cuidado propio y de todos los otros involucrados. Esto es lo que llamamos una ética "promiscua", una que te invitamos a considerar y a aplicar para salir bien librado al recorrer nuevos trayectos amorosos.

Un amor suficientemente bueno

Llegando al final de este recorrido habremos de aplicarnos en nuestro objetivo inicial: ¿cómo navegar la incertidumbre amorosa? A lo largo de este caminar hemos sorteado explicaciones sobre el devenir amoroso a lo largo de los años, el colapso de modelos ya insostenibles en la actualidad, los retos de los nuevos tiempos que atravesamos, así como las herramientas que nos permitirán atravesarlos para salir airosos de la tempestad. Pero ¿será que este trayecto llega al final dejándonos "libres ya de amores", como dice Miguel Bosé, o listos para experimentar amores propios de los tiempos posmodernos? Lo aceptemos o no, todos, de una u otra forma, buscamos ser reconocidos en la mirada de otro que, en el intercambio sexual y amoroso —de la índole que sea—, nos haga sentir que somos su deseo, confirme nuestro ser erótico y nos comparta cierto acompañamiento y cobijo entre chispas de vida y aventura.

A estas alturas del camino sobra decir que para lograr una experiencia de este tipo no se necesitan amores eternos ni pasiones totales. Pero lo que no sobra agregar a nuestro haber amoroso son algunas reflexiones que nos faciliten realizar mejores elecciones y construir "buenos amores".

Adiós a los intercambios tóxicos

Los amores tóxicos son producto de la inmadurez, de la que ya hemos hablado. Son ésos que se angustian con la separación del otro y que requieren la fusión; ésos que viven compulsivamente la sexualidad para tener una sensación de intimidad; ésos que poseen y controlan con la pretensión de lograr seguridad absoluta y permanencia eterna.

Algunos de estos comportamientos que echan por la borda la construcción de buenos amores son:

* Buscar frenéticamente el amor sin considerar si el sujeto amoroso es adecuado.
* Insistir vehementemente en una conquista sin tomar en cuenta si la relación con esa persona es viable.
* Elegir personas que requieren tal centralidad —mediante conductas egocéntricas y narcisistas excesivas—, que demandan un protagonismo incesante, aunque ello pueda implicar herir o desatender al ser amado.
* Poseer escasa resistencia a la frustración —que el amor tiene como parte de la vida—, lo que impulsa a tomar acciones de evasión y refugios en oasis artificiales.
* Ser incapaz de la autocrítica, lo que lleva a señalar sólo a los demás, desplazando en ellos las propias culpas y

responsabilidades sin comprender los propios defectos y siendo intolerante con los de la pareja.

- Tener dificultades para aceptar relaciones simétricas con las personas en general y con la pareja en particular, posicionándose en una postura sumisa o bien ventajosa, ambas de poca responsabilidad y compromiso.
- Sufrir de una necesidad excesiva de complacer al otro sin ponerle los límites necesarios en detrimento de las propias necesidades y deseos.
- Experimentar miedo constante de perder al ser amado y ansiedad ante su ausencia.
- Contar con un equilibrio emocional precario y requerir desmedidamente del otro para alcanzar una estabilidad básica.
- Expresar el deseo de cambiar al otro —a través de la insistencia, la súplica o la amenaza—, esperar que el amor mueva al otro a donde se le necesita antes de cambiar o de moverse uno mismo lejos de donde no se podrá construir un amor.
- Exigir más —afecto, atención, servicios, dinero, etcétera— de lo que se da.
- Tener un alto nivel pasional —correlacionado con la necesidad afectiva—, lo que da pie a una sexualidad compulsiva sin importar la calidad de ésta.
- Sufrir la compulsión de celar al ser amado. Y sí, los celos se dan en el territorio del amor, pero no son derivados del amor. Pensar que celar es amar es una idea romántica y errónea de quienes alimentan la creencia de que si su pareja no es algo celosa es porque no los quiere de verdad.
- Realizar conductas de abuso, violencia y maltrato que ponen en riesgo la integridad física, emocional y social, cuando no también la económica y patrimonial.

Más allá de la toxicidad mencionada de ciertos intercambios, que irremediablemente nos conducirán no sólo al fracaso sino a un infierno, existen razones equivocadas para iniciar una relación. Todos buscamos un buen amor, pero, en ocasiones, queremos emprender una relación más impulsados por creencias erróneas y expectativas ajenas que por el deseo de amar. En un mundo que sigue valorando excesivamente el peso de la vida en pareja y que construye parte importante de la identidad a partir del amor erótico, es fácil iniciar una relación sin las condiciones necesarias para que ésta tenga un futuro halagüeño.

Por eso no te enganches si:

- Tu entorno —familia, amigos, hijos, colegas— te presiona sutil o burdamente para que tengas pareja (a partir de la creencia de que a la gente soltera no se le quiere, no vale igual o es una carga).
- Quieres ser madre y consideras que requieres a una pareja para lograr ese proyecto de vida (percepción derivada de la asociación de la maternidad-paternidad con la vida de pareja como proyectos conjuntos y no excluyentes).
- Esperas sanar un rompimiento amoroso anterior construyendo rápidamente una nueva relación (bajo la creencia de que sólo otro amor puede sanar una ruptura anterior, o bien a partir de un deseo de cierta venganza al haber sido terminado).
- Piensas que si no encuentras una pareja difícilmente tendrás una vida propia y tendrás que estar a expensas —al servicio y dependiendo— de los demás (o bien, piensas que si no tienes una pareja con la que formes tu propio hogar tendrás que hacerte cargo de tu familia de origen).

- Consideras que el matrimonio es la única forma de hacer vida de pareja (se prioriza un solo modelo de vivir el amor jerárquicamente mejor que otros).
- Sabes que teniendo pareja te liberarás de muchos juicios que hace la gente sobre ti (por la incapacidad de lograr la autonomía temiendo la aprobación del otro ante un estigma real sobre la vida en solitario).
- Crees que las personas con pareja son más equilibradas, comprometidas, maduras y compartidas; es decir, casada o emparejada serás una mejor persona y más completa (debido a la sobrevaloración de los efectos de la vida en pareja).
- Sientes que algo está mal en ti por no haber encontrado tu alma gemela (donde los significados de fracaso y defectos personales se dan por la idealización de la vida en pareja).
- Piensas que al tener pareja serás mejor recibido en tus círculos sociales en general, y en el grupo de personas casadas en particular (la famosa creencia arraigada sobre el peligro de los solteros).
- Crees que tener pareja hará sentir más tranquila a tu familia, o bien a gente que te quiere y está preocupada por ti (resultado de la infantilización de la persona sola).
- Consideras que la relación de pareja es más importante que cualquier otro tipo de relación humana —amistad, laboral, fraternal, filial— (se prioriza la vida familiar y de pareja sobre los otros proyectos de vida).
- Crees que la soledad es de las más tristes experiencias de la vida (se asocia la soledad con aislamiento y desolación).
- Deseas tener una pareja para trabajar menos y recibir apoyo económico de ella (a partir del estereotipo femenino de dependencia económica y estatus social si

se tiene un hombre o simplemente por la comodidad de tener quien se responsabilice de uno).

• Piensas que si no tienes pareja es difícil tener sexo (se acota a la vida sexual con la vida de pareja comprometida).

• Sientes tu vida incompleta a falta de una relación amorosa (se limita el proyecto de vida y el sentido de vida al hecho de tener una pareja).

• Consideras que la relación de pareja te ayudará a sentar cabeza (se sobrevalora la relación de pareja como paso a la madurez adulta).

• Simplemente crees que estar en pareja es más positivo que vivir en soltería (se idealiza el vínculo amoroso y su asociación con una vida feliz).

Estas afirmaciones pueden parecer un tanto obvias, y claro, si nos damos a la tarea de cuestionarlas de manera racional podríamos realizar afirmaciones del tipo: "Yo nunca me casaría sólo para darle gusto a mi mamá". Pero, de una u otra manera, todos formamos parte de una cultura. Es más, toda sociedad desarrolla estilos de vida a partir de la cosmovisión imperante de la época y el lugar, y basados en las creencias de lo que significa la vida, la persona humana y el mundo.

Este conjunto de conocimientos, suposiciones y formas de comportamiento percibidas como adecuadas en un grupo social específico determina los valores que son aceptados y adoptados por la mayoría de los integrantes de esa comunidad. Es más, la cultura imperante se encarga —a través de la práctica, el adoctrinamiento e inclusión de la presión— de insertar las formas de pensar dominante en la conciencia y el actuar de cada individuo.

Pero existen subculturas que tienen otras formas de ver la vida y otros deseos, intereses y necesidades que no corresponden a la cultura dominante o prioritaria. En este sentido, las nuevas geografías amorosas son justo eso, una subcultura que contradice los principios de la cultura predominante que exalta las bondades de la vida matrimonial.

Ahora bien, en la medida en que el objetivo de toda cultura dominante es sostener un orden social —que respete un tipo de jerarquía, normas e instituciones, de manera que no se cuestionen los valores preponderantes que organizan la vida social, política, económica y familiar de las personas—, salirse de ésta y de su orden social al elegir otras formas de vida resulta siempre amenazante a la sociedad en general. Por tanto, sus miembros tenderán a marginalizar y estigmatizar a quienes la desafían. Por eso, si se busca una buena vida erótico-afectiva no se puede hacer por razones, anhelos e intereses sociales que no correspondan a nuestras genuinas necesidades, deseos y valores.

Para elegir mejor

Como mencionamos, es importante no dejar fuera las señales de alerta que piden detenernos antes de elegir, para seguir trabajando en la propia madurez y no correr el riesgo de liarnos en una relación sobredependiente, desgastante y destructiva. También es necesario prestar atención a los discursos dominantes que nos pueden llevar a tomar decisiones que no corresponden a lo que anhelamos o necesitamos ni a nuestro momento de vida. Pero, además, existen otros aspectos —estéticos, ideologías similares, nivel de educación compatible— que, por estar fuera de los lugares comunes y de cualidades esperadas como el respeto, la honestidad y el equilibrio, se pueden fácilmente ignorar a la hora de elegir un buen amor. Considerar estas claves proporciona información valiosa sobre la persona que tenemos en la mira:

1) **Elige a alguien cuyo olor te agrade**
Sorprenderá saber que el sentido del olfato no sólo tiene relación con el gusto por las cosas que comemos o con los aromas de los ambientes que habitamos, sino que también activa nuestro deseo de relacionarnos erótica y amorosamente con alguien, o por el contrario, de rechazarlo. El olfato juega un papel importantísimo en que nos sintamos a gusto con alguien, ya que este sentido forma parte de nuestro sistema nervioso más primitivo y genera el más inconsciente y poderoso *test* de compatibilidad. Si no te agrada el olor de tu candidato a pareja, difícilmente podrás sostener una convivencia con ella: ¡la química sí existe! No basta con compartir deseos, intereses y valores, en la base de los mismos se requiere un *match* básico en la química corporal.

2) **Elige alguien que no sea excesivamente cercano a su madre o a su padre**
De lo contrario acabarás siendo otra segunda madre y además te verás obligado(a) a rivalizar con sus verdaderos progenitores. Las personas que idolatran a su mamá o a su papá no acaban de lograr la autonomía emocional, ya sea por exceso (porque tuvieron una "muuuy buena" madre que les dio de más) o por defecto (les faltó nutrimento, el cual demandarán a la relación). Además, no sobra decir que los muy buenos hijos tienden a ser malas parejas, pues nunca sueltan el rol de hijo parental al priorizar a su familia de origen sobre su relación amorosa.

3) **Elige a alguien que no se sienta insignificante**
¡Y que de hecho, no lo sea! Alguien que no se muestre insípido, soso, intercambiable por cualquier otra persona, poquita cosa en general. La insignificancia suele buscar compensación con actitudes ausentes

como la huida, el poco compromiso y la cobardía, o bien con el deseo de imponerse a la pareja desde la petulancia y la arrogancia con la intención de opacarla para poder destacar. Al elegir pareja es importante encontrar a alguien que se quiera y que lo quieran, es decir, que cuente con un buen concepto de quién es, qué quiere, quién lo quiere y de qué forma da y recibe amor.

4) **Elige a alguien que tenga el trabajo y el dinero necesarios para asegurarse autonomía económica**
Desde que nacemos, la dimensión económica está presente en nuestra vida. Para bien o para mal vivimos en una sociedad capitalista donde el dinero no sólo nos sirve para comprar y vender objetos, sino que tiene un significado a nivel psicológico al asociarse con la seguridad, el poder, el éxito y el amor. Sin dinero suficiente, tu pareja no sólo limitará su mundo de posibilidades, sino que quizá tendrá que someterse a tu bolsillo y a las decisiones que tú tomes, lo cual tendrá un alto costo para ambos. Tener un trabajo, sostenerse y conservarlo es una tarea vital de cualquier ser humano que se jacta de haber conquistado la madurez. Además, generar cierta riqueza material facilita que la relación de pareja no se reduzca a tener que sacar a flote las necesidades básicas de sobrevivencia y evita que el estrés de la vida cotidiana limite un espacio amoroso de cierta creatividad, disfrute y satisfacción.

5) **Elige a alguien cuyo proyecto de vida no sea sólo el amor**
Alguien sin un proyecto de vida personal que lo implique en forma apasionada y comprometida en diversos intereses y valores hará de ti el sentido principal de su existir y tendrá demasiadas expectativas puestas en lo que obtenga o no de ti, en lo que hagas

y dejes de hacer —expectativas que difícilmente podrás cumplir—. Quien hace del amor su único proyecto de vida acaba esperando una fusión, que si bien al principio puede resultar cómoda y tentadora, al paso del tiempo termina por ser asfixiante para la pareja y para la relación.

6) **Elige a alguien que haya invertido tiempo y dinero en su persona**

La falta de una cierta vida previa bien andada deja en la persona escogida un trayecto de tareas pendientes por realizar y, al paso del tiempo, surgen inquietudes vitales que pueden estar fuera de la perspectiva de la relación. Escoge a alguien que tenga cierto "mundillo", es decir, suficientes experiencias de vida que le hayan dado la posibilidad de construirse en la persona que quiere ser.

Alguien que ha invertido tiempo y dinero en todos los aspectos importantes que constituyen la personalidad humana —intelectual (cultura y estudios), corporal (cuidado de su persona y autoimagen integrada), erótico (experiencias erótico-amorosas), emocional (madurez y lenguaje afectivo), actitudinal (desarrollo de conductas diversas hacia las personas, el mundo y la vida)— tendrá una personalidad definida con más que ofrecer y menos que necesitar.

7) **Elige a alguien que trate bien a los extraños**

Sobre todo, a los extraños que están por "debajo" suyo en la línea jerárquica: empleados, camareros, personal de servicio. Las personas prepotentes, que hacen alarde de su fuerza y superioridad, tienen muy arraigadas las ideas de clase, estatus, raza, género y poder, y tienden a posicionarse en un lugar de supremacía y ventaja. Los primeros días en su encuentro contigo podrá ser amable, respetuoso y paciente, pero tarde o temprano te tratará como a esas personas.

8) **Elige a alguien no demasiado atado al pasado**

Una obsesión excesiva por el aquí y el ahora puede ser evasiva e impedir capitalizar las experiencias vividas con anterioridad; el pasado es fuente de aprendizaje, sirve para detectar errores y no repetirlos, reparar, cuestionar y planear. Sin duda integrar la vida pasada permite entender los propios orígenes y con ello entendernos a nosotros mismos y comprender la vida en general. Sin embargo, el pasado no es lugar para habitarlo.

Hay personas que piensan que "cualquier tiempo pasado fue mejor", tienden a ser rígidas y melancólicas, y a aferrarse a lo que fue y ya no será: desde el estilo de familia que vivieron, pasando por los amigos de su escuela primaria, hasta los valores de estilo de vida de antaño que hoy se diversifican inevitablemente en una multiplicidad. Alguien que se ate a su pasado personal o al pasado del amor difícilmente podrá asimilar que su actual relación (contigo) —y la vida toda— irá transformándose sin garantías que aseguren hacia dónde será su devenir. El amor asimila e integra el pasado, pero vive en el presente.

9) **Elige a un buen conversador**

Somos seres racionales y el lenguaje da cuenta de ello. Nuestra capacidad para abstraer y conceptualizar permite dar nombre a las cosas y de esa manera generar significados y crear vínculos. Conversando podemos expresar nuestros pensamientos y externar nuestros afectos y deseos, así como conocer los de los demás. Esta cualidad, bien desarrollada, no se agota con el tiempo, por el contrario, se alimenta, se nutre, se cultiva; abre espacios e intercambios ricos e interminables. La tan temida falta de comunicación en las parejas tiene que ver más con enojos y diferencias mal manejadas, que con la pérdida de esta deliciosa habilidad.

Elige a alguien que cuente, que comparta, que no te interrumpa, que te escuche, que delibere y cuestione; alguien que pueda jugar con las palabras, que te interese escucharlo, que te abra un mundo de preguntas y experiencias con su hablar. Un buen conversador crea contenido personal e intelectual, genera interés y curiosidad.

10) **Elige a alguien con quien te sientas orgulloso de ir a su lado**
No significa que tenga que ser el más guapo, el más galante, pero sí alguien que para tus parámetros te resulte armonioso, equilibrado, elegante; alguien con quien te sentaría bien compartir un paseo o entrar a un restaurante. Si te vieras junto a su imagen frente a un espejo o en una fotografía, ¿te sentirías cómodo? Si no es así, ¿qué te depara el futuro cuando los defectos se hagan más evidentes y cueste más trabajo sostener lo valioso del principio?

11) **Elige a alguien que no sea extremadamente rígido**
Una persona de ideas fijas, de "moralinas" puntillosas, de principios inamovibles, podrá ser "un diamante valioso", pero su dureza al paso del tiempo te costará caro. La gente rígida organiza un estilo de vida tenso y "almidonado": con muchas normas de lo que es "bueno" y de lo que es "malo". De igual forma, construirá una vida repleta de categorías: "esto es admisible, esto es impensable", "aquello es feo, esto es lo único aceptable". Con alguien así habitarás una vida llena de inclusiones y exclusiones en cuyos compartimentos terminarás por no encajar. Además, hay que tener en cuenta que en esas rigideces

lo íntimo y lo erótico tiende a ser muy pobre, soso y marginal.

12) **Elige a alguien que pueda resultar un buen ex, o que de hecho ya lo sea**

Si tu candidato a pareja despotrica, chantajea, culpa o tortura a sus anteriores parejas, en caso de que tú llegues a serlo, la historia se repetirá. De una u otra manera, y por duro que suene, el fin último de toda pareja es la separación: ya sea por muerte o porque alguno de los miembros decida que ya no quiere seguir en la relación. Esto aplica desde los noviazgos entre adolescentes hasta los matrimonios de más de 50 años de casados. El mundo aumenta la probabilidad de que todos lleguemos a ser el ex de alguien y, por tanto, también la futura pareja de otra persona. Si has salido ya de una o más relaciones amorosas, pregúntate: ¿eres tú un buen ex? Si te detienes a reflexionar esta pregunta puedes descubrir, en tu fuero interno, si quisieras o no ser tratado como lo haces o lo hiciste con tu expareja.

Un buen ex es alguien que honra sus relaciones pasadas porque sabe que a través de ellas se ha construido como persona y como pareja. Un buen ex sabe también que si muchas de estas relaciones no fueron suficientemente buenas, todas tuvieron —cuando menos al inicio de las mismas— momentos de alegría, placer y aprendizaje. Un buen ex reconoce que las relaciones pueden deteriorarse y terminar, sea por las razones que sea: una mala elección, incompatibilidad de caracteres, o simplemente porque se acabó el amor; sin embargo, acepta que si la relación no fue un éxito, no es por la culpa de uno solo sino por un sinfín de factores. Un buen ex no es quien deja cabos sueltos, ni quien necesariamente es amigo de su ex, sino quien honra lo que se tuvo y respeta a la persona que amó.

Si prestamos atención a todas estas reflexiones, es claro que apuntan a lo que hemos llamado un amor confluente: basado en la libertad, en el respeto, en la igualdad, en el cambio y en el crecimiento.

Ahora sí, ¡a construir un buen amor!

El amor existe, de eso no tenemos la menor duda, y si bien no podemos pensar que existan amores perfectos que satisfagan todas nuestras necesidades y colmen todos nuestros deseos, no hemos de claudicar a la aspiración de vivir amores suficientemente buenos. Estos buenos amores derivan de la responsabilidad del propio crecimiento, de asumirnos por completo con nuestras carencias/limitaciones y de responder por los propios actos, palabras y pensamientos. Éstos acompañan la vida e invitan al disfrute, así como a la construcción de una personalidad y un mundo mejor. Ellos se miden más por sus efectos que por sus cualidades extraordinarias.

- Un buen amor no puede brincarse un primer escalón, el del autoconocimiento: reflexionar quién es uno, qué prioriza en la vida, qué puede dar y qué no, qué está dispuesto a negociar y qué no.
- Un segundo paso sería integrar la imposibilidad de conocer del todo al otro. Si bien el tiempo y la convivencia revelan mucho de lo que la pareja es, el otro es siempre un sujeto inagotable. El autoengaño de "yo sé todo de él" imposibilita la curiosidad que requiere el descubrimiento amoroso y limita la mutua exploración.

- Una tercera condición es aceptar las diferencias irreductibles entre los amantes. Esto libera de la tentación de querer cambiar al otro o querer complacerlo siempre; ambas actitudes imposibles de lograr y nocivas para la preservación de un buen amor. Ya lo dice Compte Sponville: "Te quiero como eres. Tal vez no respondes a lo que yo esperaba, pero prefiero tu realidad a mis sueños". La relación amorosa implica un intercambio de intereses, deseos y placeres, incluyendo lo erótico.

- Y por último, pero de carácter muy importante, considerar el paso del tiempo: un amor sólido se "cuece a fuego lento", el tiempo transforma el enamoramiento en amor y la pasión fugaz en un erotismo sostenido. El tiempo hace posible sembrar, germinar y cosechar actitudes, sentimientos, recuerdos y proyectos.

Si nos rompemos la cabeza cuestionando si un amor vale la pena, si esa persona es la adecuada para recorrer la vida acompañada de ella, si la relación está viva y merece cultivarla, ¿cómo hacer una valoración interna para saber si lo que estamos viviendo es un buen amor?, ¿será que existen demasiados *tips* trillados, propuestas obvias, imágenes románticas y ejemplos imposibles que son los que nos llevan a evaluar si nuestro amor es bueno o no? Son tantos los criterios para valorar un buen amor, que ahora toca apelar a la experiencia, a los efectos que la relación produce en uno mismo. Un buen amor tendrá siempre efectos particulares en nuestra persona, en nuestra vida diaria y en nuestro devenir. Aquí algunos de ellos:

1) **Aporta tranquilidad.** Una relación que nos mantiene intranquilos, temerosos y estresados permanentemente en compañía de la pareja, es una relación que

roba la paz. Un buen amor genera tranquilidad, esa que se experimenta al encontrarse bien en la presencia cotidiana del otro. Una relación amorosa ha de ser capaz de dar apoyo, contención y colaboración en la solución de los problemas que surjan en las vicisitudes del vivir. Una relación que crea más complicaciones de las que resuelve genera un laberinto interminable de inquietudes. Si la relación amorosa es capaz de hacer la vida más libre, clara, segura, acompañada, predecible y plácida generará valor mutuo en la vida de la pareja.

2) **Abre opciones de vida.** Una relación que cierra puertas de desarrollo y de crecimiento no es un intercambio amoroso. Un buen amor genera ideas, proyectos, pensamientos y prácticas en los proyectos vitales individuales y comunes de la pareja. Así, las opciones de vida de cada uno de sus miembros aumentan. La relación amorosa facilita que algunas posibilidades de vida se conviertan en realidades que no habían sido imaginadas. El intercambio de intereses, deseos y valores entre la pareja enriquece la vida, no la acota.

3) **Produce placer.** Sea como sea que la pareja defina el placer, la relación amorosa lo produce. Placer en todas sus variantes, pero incluyendo de manera particular el placer erótico, el vinculado a la experiencia de la sexualidad humana.

4) **Genera ternura.** Los seres humanos seguimos siendo muy primitivos, muy básicos, potencialmente predadores aún en nuestra socialización. Así, las relaciones amorosas también contienen agresividad; pueden ser creadoras, pero también pueden destruir. La ternura es la acción que transmite el significado de que alguien, pudiendo ser destructor, agresivo o duro,

es capaz de cambiar esa posibilidad en símbolos de amor. De ahí que, por ejemplo, el mordisco sea tierno o agresivo según como se utilice. En la ternura, el amor supone que acepta el proyecto del otro como ser humano, en un contexto de afecto y apapacho también.

5) **Favorece la madurez.** Un buen amor es aquel en el que cada uno se apoya en las características del otro para su propio crecimiento. Entendamos madurez como la capacidad de ser independiente del medio, de lograr la autonomía —emocional, material y social hasta donde es posible— y gracias a ello gestionar la obtención eficaz y realista de los propios sueños, de los propios deseos.

6) **Nos deja algo insatisfechos.** La totalidad del amor, la incondicionalidad, el absoluto, no es propio del amor adulto sino de un amor infantil. No se puede lograr la satisfacción total en el amor —ni en casi nada—, pues somos seres contradictorios, cambiantes e imperfectos. El intento de lograr amores totales deviene en relaciones regidas por la dependencia, la fusión, la posesión y, en consecuencia, por algún tipo de violencia. Se espera tanto que todo acaba resultando muy poco; incluso se puede dar todo por un amor y, al mismo tiempo, ser sólo una parte de su vida. La satisfacción en la relación amorosa, aunque se dé entre dos personas, requiere otras fuentes que complementen a cada uno y a la relación misma.

7) **Invita a la transgresión.** Transgredir implica actuar en contra de la norma. En este sentido, un amor demasiado obediente y sobreadaptado se pierde en lo social y descuida lo que lo hace estimulante y particular. El buen amor es justo la valoración de la relación intersubjetiva de los amantes más allá de

las demandas sociales. Por eso, un buen amor es privado, secreto, con acciones que no se puedan contar ni compartir. Es anormal para el orden social, transgresor y raro, sólo significativo para los amantes; por eso el mundo lo califica de absurdo, loco, peligroso o inútil. En nuestro mundo posmoderno, lo meramente sexual, lo genital, ya no es transgresor: son transgresoras las relaciones amorosas, las homosexuales, los poliamores, las relaciones no patriarcales o las no basadas en el matrimonio y lo familiar. Es transgresor un amor que sea capaz de reconocer las diferencias insalvables entre las personas, un amor que construye relaciones adecuadas para los amantes y no se somete a un esquema tradicional si éste no le funciona. Al final, quizás un amor transgresor sea algún tipo de profunda complicidad entre los miembros de la pareja.

A partir de todo lo anterior parecería que, quizá, las preguntas "¿me amas?, ¿te amo?" no tengan una respuesta única, un sí o no, un todo o nada. El amor es complejo, ambivalente, contradictorio. Por tanto, posiblemente sea mejor concebir una respuesta graduada y otorgar a cada uno de los siete puntos mencionados una valoración: poco, suficiente o mucho. De esta manera, cada persona que se cuestione a partir de estas premisas podría tener una respuesta personal para saber si quiere o se siente querida. Naturalmente, una afirmación alta habla de un amor lo bastante satisfactorio, suficientemente bueno, pero no completo, total o perfecto, porque tal cosa no existe.

Es a partir de las respuestas individuales que demos que habrá que pensar un par de veces antes de cambiar de pareja y considerar mejor la posibilidad de renegociar acuerdos y actualizar relaciones. Con estos ajustes a lo largo de la vida se podrán lograr más años de convivencia amorosa, crecimiento compartido y acompañamiento feliz.

Porque, de todas las fuentes de felicidad conocidas, el amor es la más valorada y deseada; "con amor se sufre, sin amor se enferma", decía Freud. Por eso más que temerle al amor habrá que entender sus comportamientos caprichosos, sabernos fuertes para sortear sus decepciones y aprender a tolerar la incertidumbre que implica. Y al final, en caso de que no marche la cosa, digamos como Samuel Beckett: "Prueba otra vez. Fracasa otra vez. Pero fracasa mejor".

Nuestra era ha querido imponernos la obligación de ser felices; pero la felicidad no es un medio, es el fin de todos los medios, y cuando decimos que buscamos ser felices, no lo decimos porque al ser felices recibamos un premio extra. Queremos ser felices porque serlo —sabemos, al menos por sentido común— es lo mejor a lo que podemos aspirar.

En una sociedad que favorece el confort, promueve el placer y promete la felicidad existen millones de personas que están insatisfechas; insatisfechas con sus vidas, con sus trabajos, con su propia persona, con sus relaciones familiares y, claro, con sus experiencias amorosas. Día a día, por infinidad de medios y diversidad de planteamientos, se nos hace creer que encontraremos la felicidad en una lista interminable de posibilidades: en la fortuna que acumulemos, en el prestigio que cosechemos, en la pareja que encontremos, en los hijos que tengamos, o en lo bellos y jóvenes que nos conservemos. No podemos negar que esto no sea importante; sin duda, parte de la satisfacción personal tiene que ver con aquello, pero ¿tenerlo basta y sobra para ser felices?

La felicidad es una experiencia única, profunda e intransferible, que se cosecha día a día y con paciencia. Cuando salimos ansiosos a la búsqueda de la misma estamos preparados para que se nos ponga una zanahoria inalcanzable que nos lleva a transitar la vida buscando, en multiplicidad de falsas promesas —incluidas el amor y la pareja—, la experiencia de ser feliz. Paradójicamente, cuando nos detenemos a escuchar esas pocas preguntas básicas que cuestionan nuestra existencia toda, y nos interrogamos qué nos pasa y por qué no somos felices, planteamos un interrogante central y profundo a nuestra existencia.

Pero habitamos en una cultura que no sabe tratar con la postergación, que se ha desacostumbrado a los procesos y pretende eludirlos para ir directamente a los resultados, como si el resultado no fuera fruto de un proceso. Por eso, ofrecer caminos simples y sin caídas es conspirar contra la felicidad; y, entrados en el tema que nos concierne, no sobra decir que el amor, si bien aporta bienestar, no lo hace de manera total y menos aún inmediata.

La felicidad no es algo reservado a los dioses, ¡o a unos cuantos bendecidos y privilegiados! Sin duda, ser feliz es una experiencia posible, pero no por eso es una vivencia obligatoria y fácilmente alcanzable. Y sí, un buen amor nos puede hacer la vida más llevadera, pero la vida de pareja no es la única fuente de realización personal; de hecho, verla, anhelarla y vivirla así genera un empecinamiento que limita el disfrute amoroso.

De igual manera, tropezar una que otra vez con falsas promesas amorosas puede ser efecto de una presión ancestral, de una ingenuidad virginal o de la mala gestión de un deseo profundo; pero caer sucesivamente en el atrapamiento de dichos condicionamientos y luego lamentarse de la mala suerte comienza a ser una actitud idealista e irresponsable. A amar se aprende, y los buenos amores, sean "de chile, de dulce o de manteca", y vengan empaquetados en el modelo que sea, se cocinan a fuego lento.

Por ello, el estado civil o el tipo de relación amorosa en el que nos encontremos, por propia elección o efecto de alguna circunstancia, lejos de ser sólo un conjunto de acuerdos, un particular tipo de compromiso o un papel firmado, ha de ser una opción elegida con la mayor conciencia posible, de tal modo que pueda llevarnos a un grado suficiente de bienestar y de satisfacción.

Dicho esto se puede vislumbrar que la felicidad posible no es nada que vayamos a encontrar porque la buscamos frenéticamente o se nos vaya a regalar sin cierto dolor y bastante esfuerzo. Entonces, ¿dónde es que podemos descubrir la condición *sine qua non* de su conquista?

Somos seres conscientes. La conciencia nos permite pensarnos y, más que eso, entender que pensamos. Esta facultad humana nos obliga a hacernos una serie de cuestionamientos: ¿para qué vivo? ¿Qué me une a los otros? ¿Hacia dónde dirijo mi vida? ¿Qué es aquello que me motiva a levantarme cada día? Puedo consentir y responder a estas preguntas, o bien puedo eludirlas, pero ellas siempre estarán ahí.

Somos seres temporales. Tenemos el lapso de una vida, la nuestra, para dar respuesta a estos interrogantes vitales, y con ello descubrir el sentido de nuestra existencia. Si elegimos permanecer distraídos o ausentes, seremos presas de la angustia. Muchos otros escuchamos tales preguntas, pero buscamos caminos que acorten el tramo que requiere ser recorrido a pie por cada uno de nosotros, y en ese intento nos hacemos presas fáciles del dogma de la felicidad.

La felicidad es así una construcción personal, una elección vital que se juega en cada una de nuestras decisiones. Donde el sentido de vida está ausente, no sólo se crea un campo fértil para el dogma de la felicidad y para la compra barata y pasajera de la misma, sino que aparece de manera feroz y arrolladora la angustia que viene de una existencia sin sentido y de un caminar por la vida sin una dirección. En una sociedad donde el uso y el consumo son la norma, podemos ver a las personas, al sexo, a la pareja, incluso al "amor", como un recurso desesperado del cual asirnos.

Pongamos la piedra fundamental de una tarea ineludible, la de hacernos cargo de nuestra propia vida al descubrir nuestros recursos personales y potenciar nuestras competencias, para así superar los sinsabores del trayecto, recuperarnos de nuestras dolencias, tolerar la incertidumbre y capotear la ambivalencia. Abrámonos, en ese camino, a la experiencia de amores suficientemente buenos y, entre ellos, capturemos destellos de felicidad.

Enamorarse es fácil

Enamorarse es fácil.
Uno puede enamorarse
—sin demasiado esfuerzo—
varias veces al día,
a nada
que se lo proponga
y se mueva un poco por ahí;
y si es verano,
ni te cuento.

Enamorarse no tiene
mayor mérito.
Lo realmente difícil
—no conozco
ningún caso—
es salir entero
de una historia de amor.

Karmelo Iribarren

NUMERALIA

En 2017, contratamos a la agencia de investigación Probabilística para realizar la encuesta "Formas de Convivencia en la CDMX" con el fin de conocer a mayor profundidad las diferentes formas de convivencia amorosa entre la población de 18 a 74 años en la ciudad. Ésta arrojó datos interesantes sobre las relaciones de pareja y las percepciones de los capitalinos respecto a ellas.

De las historias de convivencia

La convivencia en pareja es un fenómeno dinámico. Actualmente es común que haya hombres o mujeres con una historia de varios matrimonios, uniones libres o divorcios.

En la Ciudad de México, 43% de los habitantes de 20 años de edad en adelante dijo haber tenido al menos una forma de convivencia previa a la que tenían durante el levantamiento de la encuesta. Es decir, han cambiado su forma de vida al menos una vez entre las diferentes opciones (unión libre, matrimonio, *rooming* —vivir con amigos— o LAT —*living apart together*/viviendo juntos separados—).

Como puede esperarse, el grupo con más convivencias previas fueron los divorciados que además de su matrimonio dijeron haber tenido otras formas de convivencia: 29%

había vivido en una relación LAT y 20% había vivido en unión libre.

Además, algunas formas de convivencia son más cortas. Por ejemplo, el *rooming* reporta en promedio 3 años, la unión libre 6 años, mientras que el matrimonio casi 14 años. En contraste, el promedio de años que se mantienen divorciadas las personas es de 8 años.

Las formas de convivencia nuevas son más comunes entre las personas de mayores ingresos y entre los jóvenes: en el Nivel Socioeconómico A/B de la Ciudad de México, 23% de los habitantes mayores de 20 años había vivido una relación LAT y 23% había vivido con amigos antes de la encuesta. Entre los jóvenes de 20 a 29 años de edad, 19% había vivido una relación LAT y 16% había vivido con amigos.

La LAT es una forma de convivencia más extendida de lo que se piensa, ya que casi 14% de los habitantes de más de 20 años había tenido alguna convivencia de este tipo (en la encuesta se definió como "una pareja estable sin vivir juntos en la misma casa").

De tener pareja y matrimoniarse

Vivir en pareja o cohabitar ya no representa la única opción de compartir ni la única aspiración de convivencia amorosa: entre los singulares —personas no casadas— 26% tiene pareja y 74% no tiene (de donde solo 16% aspira a tenerla).

Además, sólo 50% de los singulares desea casarse y las aspiraciones de matrimonio son menores entre los divorciados y separados (sólo 33%). El deseo de matrimonio se concentra entre los jóvenes: 75% en el grupo de 20 a 29 años.

A partir de los 30 años, la aspiración a casarse cae: baja de 75% entre jóvenes de menos de 30 años hasta 35% entre los adultos de 30 a 59 años.

Además, el matrimonio va decreciendo. Hacia el año 2000, en la Ciudad de México 50% de los habitantes de 20+ años estaban casados, y para 2015 la proporción había bajado a 41%. La proporción es muy parecida a la del total del país —48% casados en 2015— y la que hay en Estados Unidos donde casi 50% de los habitantes de 20 y más años estaban casados en 2015 (Censos de Población INEGI y US Census Bureau).

El descenso del matrimonio se concentra en los jóvenes, entre los cuales parece ya ser un estado civil poco común: la proporción de casados en el grupo de 20 a 29 años en la Ciudad de México era 29% en 2000, y bajó a 13% en 2015 (INEGI, Censos y Conteo de Población).

De las razones para casarse

La gente ya no se casa por seguridad económica o para tener hijos. Los adultos ya no ven el matrimonio como una forma de organización o unidad económica y social. La gente se casa por amor y por tener un acompañamiento de vida. En nuestra encuesta, el amor es el motivo número uno para casarse: 85% de los adultos lo señaló importante. El siguiente motivo es el acompañamiento: 70% del total dice que es importante.

En Estados Unidos, el Pew Research Center también encontró que las razones más importantes que explican el matrimonio son el amor (93% dice que es muy importante) y el acompañamiento (81% dice que es muy importante).

Otros motivos para casarse hoy son los hijos (59% dicen que es un motivo muy importante + importante) y la seguridad económica (69% del total de adultos lo considera muy importante + importante).

De los hogares singulares

En la Ciudad de México, 20% de los hogares son singulares porque en el hogar sólo habita uno de los miembros de la pareja. En su mayoría, son hogares donde la madre vive sola con sus hijos —11% del total—.

Pareja con 1 o 2 hijos	34%
Familia extendida	28
Madre sola con hijos	11%
Pareja sin hijos	10%
Pareja con 3 o más hijos	8%
Vive sol@ >65 años	6%
Padre vive solo con hijos	2%
Vive sol@ <65 años	1%

La "singularidad" (donde agrupamos solteros, separados, divorciados y viudos) va en aumento y deja de ser una forma de vida de jóvenes, ya sea porque se regresa a la singularidad como separad@ o divorciad@, porque se demora el matrimonio o porque éste no sucede. En el grupo de 30 a 59 años de edad, 30% son singulares (18% solteros y 12% separados y divorciados); si lo vemos desde el otro lado, del total de solteros encuestados en la Ciudad de México sólo 55% tiene menos de 30 años.

De la felicidad

La felicidad no se asocia con un estado civil. Cuando preguntamos si se cree que son más felices los casados, solteros o divorciados, 65% del total negó tal distinción al responder que todos son igual de felices; sólo 32% respondió que algún estado civil promueve más que otro la felicidad: 16% apuntó a los casados y 14% a los solteros.

De la orientación sexual

De forma casi anónima (vía autollenado), 5% de los entrevistados se clasifica como homosexual o bisexual, 83% se
considera heterosexual y 12% no respondió. Hay mayor declaración de homosexualidad y bisexualidad entre los jóvenes de 20 a 29 años de edad, donde la cifra sube a 11% en
lugar del 5% en el total.

De los estados civiles

Un aspecto importante a destacar para el análisis de esta información es que los estados civiles (EC) y las formas de convivencia tienen un componente subjetivo y no se distinguen
fácilmente, por varias razones:

1) Las líneas que separan las formas de convivencia no
son fijas ni claras. Por ejemplo, ¿qué distingue una
unión libre que dura 25 años de un matrimonio?,
¿qué distingue claramente un noviazgo de un LAT?
2) Se confunde EC con formas de convivencia y éstas
no son excluyentes. Por ejemplo, una persona divorciada puede declararse tanto divorciada como soltera o separada y las tres opciones de respuesta son
válidas. Probablemente escogerá cómo definirse en
función de qué tan reciente es su divorcio, de cuánto
duró su matrimonio o bien, de la profundidad que
tuvo su vínculo emocional.
3) El origen de los EC no es único: una persona separada
puede considerarse separada porque estuvo casada,
en unión libre o en una convivencia LAT.
4) Existen formas de convivencia que no pueden definirse con los EC. Por ejemplo, una pareja con una
relación lejana, con hijos y donde el padre habita en

la casa familiar algunos días por semana, ¿cómo se clasifica? ¿La señora es soltera, separada o vive en unión libre? En la encuesta esta informante se declaró "separada".

5) Otros componentes subjetivos como el "qué dirán" también pesan en la definición y autopercepción del EC. Encontramos varias madres solteras que al inicio de la encuesta declararon que su estado civil era separada y más adelante declararon que nunca habían cohabitado ni se habían casado con el padre de sus hijos.

6) La historia de convivencia en muchos casos no es lineal, como se ve en la figura siguiente:

De la fidelidad

En nuestra encuesta, 79% de los adultos con pareja mayores de 20 años se describe como "fiel". El resto de los informantes acepta que es "infiel" y declara que vive "algún nivel" de infidelidad, desde una "cana al aire" (11%) hasta relaciones de pareja "abiertas o sin exclusividad" (2%).

El grupo menos fiel es el de los "solteros con pareja" que, además, tiene una visión más abierta de las relaciones sexuales: 78% cree que las relaciones sexuales son válidas en cualquier tipo de pareja o relación.

Los que se declaran más fieles son las mujeres (86% del total mujeres con pareja), los adultos de 60 o más años (85%) y los divorciados o separados con pareja (84%).

De las redes sociales

Las redes sociales en conjunto (Facebook, WhatsApp, Instagram y Twitter) son un arma de doble filo ya que amplían la base social pero también generan distancia, relaciones superficiales y hasta sirven de instrumento para espiar a los otros:

- Sólo la mitad de los entrevistados cree que las redes sociales son un medio ideal para conocer parejas y que contribuyen a su comunicación.
- El 65% de los entrevistados cree que las redes sociales generan relaciones superficiales, 50% cree que sirven para espiar a la pareja y 74% dice que son una fuente de conflicto entre las parejas.

La percepción de las redes sociales es más positiva entre los solteros y jóvenes: 60% dice que sirven para conocer pareja y comunicarse mientras que entre los separados y divorciados sólo 44% cree que es un medio ideal para hacerlo.

AGRADECIMIENTOS

Gracias a todos aquellos que junto con nosotras se han aventurado a entender los intrincados ires y venires del amor y las relaciones.

A Marito y a Manuel, por habernos acompañado al inicio del camino y por compartir nuestras inquietudes.

A Penguin Random House, que nos acoge de nuevo; con especial cariño a Fernanda Álvarez que nos abrió la puerta y a Eloísa Nava que nos ayudó a cerrar el proyecto.

A Gloria Labastida quien, entre juntas y números, nos dio las bases númericas para estas conclusiones.

De Mónica León

Un agradecimiento especial a mi coautora, quien con su risa y sabiduría hizo de este viaje un aprendizaje encantador.

A mis amigas, hermanas de sangre, hermanas de vida, todas ellas ejemplos de resiliencia y fortaleza.

A las sobris queridas, con la alegría de verlas construir sus propios senderos de vida.

A mis padres, que me dieron la libertad de ejercer mi singularidad a pleno, sin expectativas ni presiones.

A Memo, a quien me unió el interés por la vida en soltería y aquí seguimos 10 años después.

De Tere Díaz

A mis pacientes, consultantes y alumnos, cuya sabiduría y experiencia han sido el inicio y la respuesta de muchas interrogantes.

A Mónica, con quien compartí el ir y venir de ideas e inquietudes que hicieron de este proyecto una realidad.

A todas las personas que forman parte de mis equipos de trabajo en Psicoterapia la Montaña, EducaTere y Cerrando Círculos. Cada una de ellas ha abonado de manera original y distinta a mi quehacer profesional.

A mis hermanas Gaby, Pupi y Maru, con quienes he transitado la vida de la mano y de quienes no me quiero soltar jamás.

A Adriana, que me ha acompañado a atravesar la aridez de los desiertos y con quien he disfrutado muchos días de sol.

A Peter *my love*, con quien he vuelto a disfrutar del amor profundo y de la paz cotidiana.

Y de manera particular a mis hijos Bernardo, Alejandro, Diego y Rodrigo, cuyo amor queda libre de todo, siempre.

REFERENCIAS BIBLIOGRÁFICAS

Ansari, Aziz, y Eric Klinenberg (2016). *Modern Romance*, Londres, Penguin Press.

Aristóteles (1983). *Ética nicomaquea*. Introducción, versión y notas de Antonio Gómez Robledo, Colección Bibliotheca Scriptorum Graecorum et Romanorum Mexicana, Ciudad de México, UNAM.

Ahrons, Constance (1995). *The Good Divorce*, Nueva York, Quill.

Alberoni, Francesco (2006). *El erotismo*, Ciudad de México, Gedisa.

—— (1988). *Enamoramiento y amor*, Ciudad de México, Gedisa.

Barash, David, y Judith Lipton (2003). *El mito de la monogamia. La fidelidad y la infidelidad en los animales y en las personas*, Madrid, Siglo XXI Editores.

Bauman, Zygmunt (2006). *Amor líquido. Acerca de la fragilidad de los vínculos humanos*, Buenos Aires, FCE.

Beck, Ulrich, y Elisabeth Beck-Gernsheim (2001). *El normal caos del amor*, Barcelona, Paidós.

Bolick, Kate (2017). *Solterona. La construcción de una vida propia*, Barcelona, Malpaso Ediciones.

Bolinches, Antoni (2010). *Peter Pan puede crecer*, Barcelona, Grijalbo.

—— (2011). *Sexo sabio. Cómo mantener el interés sexual en la pareja estable*, Barcelona, Debolsillo.

—— (2014). *Amor al segundo intento. Aprende a amar mejor*, Barcelona, Grijalbo.

Boss, Pauline (2001). *La pérdida ambigua. Cómo aprender a vivir con un duelo no terminado*, Barcelona, Gedisa.

Branden, Nathaniel (1990). *El respeto a uno mismo*, Ciudad de México, Paidós.

—— (2016). *Cómo mejorar su autoestima*, Barcelona, Paidós.

Burin, Mabel , Esther Moncarz y Susana Velázquez (1990). *El malestar de las mujeres. La tranquilidad recetada*, Buenos Aires, Paidós.

Cyrulnik, Boris (2007). *La maravilla del dolor*, Ciudad de México, Granica.

—— (2013). *Los patitos feos*, Barcelona, Penguin Random House.

Coontz, Stephanie (2006). *Marriage, a History. How Love Conquered Marriage*, Londres, The Penguin Group.

Cherlin, Andrew (2010). *The Marriage Go Round. The State of Marriage and the Family in America Today*, Nueva York, Vintage Books.

Despentes, Virginie, (2006). *King Kong Theory*, París, Grasset & Fasquelle.

Díaz, Tere (2018). *¿Cómo identificar a un patán? Detecta a un hombre abusivo ¡antes de liarte con él*, Ciudad de México, Diana.

—— (2021). *¿Por qué nos mentimos si nos amamos? Sana una infidelidad y renueva tus pactos amorosos para no sufrir*, Ciudad de México, Diana.

—— y Rafael Manrique (2012). *Celos. Amar o poseer*, Ciudad de México, Trillas.

—— y Manuel Turrent (2013). *29 claves para encontrar pareja. Una guía para cerrar relaciones pasadas y elegir un buen amor*, Ciudad de México, Grijalbo.

—— (2018). *Me quiero, no me quiero. Cómo salir bien librado de un rompimiento amoroso*, Ciudad de México, Paidós.

Estupinyá, Pere (2013). *S=EX2: La ciencia del sexo*, Ciudad de México, Debate.

Etxebarria, Lucía (2016). *Más peligroso es no amar. Poliamor y muchas otras formas de relación sexual y amorosa en el siglo XXI*, Barcelona, Penguin Random House.

Fisher, Helen (2004). *Why We Love? The Nature and Chemistry of Romantic Love*, Nueva York, Henry Holt and Company.

—— (2007). *Anatomía del amor*, Barcelona, Anagrama.

—— (2010). *Why Him? Why Her? How to Find and Keep Lasting Love*, Nueva York, Henry Holt and Company.

Frankl, Viktor E. (1999). *El hombre en busca del sentido último*, Barcelona, Paidós.

Giddens, Anthony (1998). *La transformación de la intimidad*, Madrid, Cátedra.

Gottlieb, Lori (2011). *Mr. Good Enough. The Case for Choosing a Real Man Over Holding Out for Mr. Perfect*, Nueva York, HarperCollins.

Harari, Yuval Noah (2014). *Sapiens, de animales a dioses: Una breve historia de la humanidad*, Ciudad de México, Debate.

Hardy, Janet, e Easton Dossie (2017). *The Ethical Slut. A Practical Guide to Polyamory, Open Relationships and Other Freedoms in Sex and Love*, Nueva York, Penguin Random House.

Hirigoyen, Marie France (2013). *Las nuevas soledades*, Barcelona, Paidós.

Illouz, Eva (2007). *Intimidades congeladas*, Buenos Aires, Katz.

—— (2011). *Por qué duele el amor*, Buenos Aires, Katz.

—— (2014). *Erotismo de autoayuda*, Buenos Aires, Katz.

Kant, Immanuel (2012). *Fundamentación para una metafísica de las costumbres*, Madrid, Alianza.

Klinenberg, Eric (2012). *Going Solo. The Extraordinary Rise and Surprising Appeal of Living Alone*, Londres, The Penguin Press.

Lyubomirsky, Sonja (2007). *La ciencia de la felicidad*, Barcelona, Urano.

Manrique, Rafael (1996). *Sexo, erotismo y amor. Complejidad y libertad en la relación amorosa*, Madrid, Libertarias.

—— (2001). *Conyugal y extraconyugal*. Madrid, Fundamentos.

—— (2011). *¿Me amas? Todos los consejos que necesitas sobre el amor*, Ciudad de México, Pax.

Massa, Jessica (2012). *The Gaggle. How to find love in the post-dating world*, Nueva York, Simon & Schuster.

Nicholson, Virginia (2008). *Ellas solas. Un mundo sin hombres tras la gran guerra*, Madrid, Ediciones Turner.

Pasini, Willy (2005). *Los nuevos comportamientos amorosos. La pareja y las transgresiones sexuales*, Barcelona, Ares y Mares.

Pease, Susan, y Vicki Larson (2014). *The New I Do. Reshaping Marriage for Skeptics, Realists and Rebels*, Nueva York, Seal Press.

Perel, Esther (2009). *Mating in Captivity. Unlocking erotic intelligence*, Nueva York, HarperCollins.

—— (2017). *The State of Affairs. Rethinking infidelity*, Londres, Yellow Kite.

Roiphe, Katie (2007). *Uncommon Arrangements: Seven Marriages in Literary London 1910-1939*, Nueva York, Hachette Digital.

Rose, Phyllis (2020). *Parallel Lives: Five Victorian Marriages*, Nueva York, Vintage Books.

Rosenberg, Marshall (2019). *Comunicación no violenta*, Buenos Aires, Gran Aldea Editores.

Ryan, Christopher, y Cacilda Jethá (2010). *Sex at Dawn. How we Mate, why we Stray and what it Means for Modern Relationships*, Nueva York, Harper Perennial.

Sissa, Giulia (2017). *Jealousy: A Forbidden Passion*, Cambridge, Polity Press.

Taormino, Tristan (2008). *Opening up: A Guide to Creating and Sustaining Open Relationships*, Hoboken, Cleiss Press.

Taylor, Paul, y The Pew Research Center (2016). *The Next America*, Nueva York, Public Affairs.

Traister, Rebecca (2016). *All the Singles Ladies: Unmarried Women and the Rise of an Independent Nation*, Nueva York, Simon & Schuster

White, Michael (2002). *El enfoque narrativo en la experiencia de los terapeutas*, Barcelona, Gedisa.

Zumaya, Mario (2009). *La infidelidad. Ese visitante frecuente*, San José, Libros para Todos.

Navegando la incertidumbre amorosa de Tere Díaz y Mónica León
se terminó de imprimir en octubre de 2023
en los talleres de
Impresora Tauro, S.A. de C.V.
Av. Año de Juárez 343, col. Granjas San Antonio,
Ciudad de México